中华人民共和国
退役军人保障法

（实用版）

中国法制出版社
CHINA LEGAL PUBLISHING HOUSE

■实用版

编辑说明

运用法律维护权利和利益，是读者选购法律图书的主要目的。法律文本单行本提供最基本的法律依据，但单纯的法律文本中的有些概念、术语，读者不易理解；法律释义类图书有助于读者理解法律的本义，但又过于繁杂、冗长。“实用版”法律图书至今已行销多年，因其实用、易懂的优点，成为广大读者理解、掌握法律的首选工具。

“实用版系列”独具五重使用价值：

1. **专业出版。**中国法制出版社是中央级法律类图书专业出版社，是国家法律、行政法规文本的权威出版机构。

2. **法律文本规范。**法律条文利用了本社法律单行本的资源，与国家法律、行政法规标准文本完全一致，确保条文准确、权威。

3. **条文解读详致。**书中的【理解与适用】从庞杂的相互关联的法律条文以及全国人大常委会法制工作委员会等对条文的解读中精选、提炼而来；【典型案例指引】来自最高人民法院指导案例、公报、各高级人民法院判决书等，点出适用要点，展示解决法律问题的实例。

4. **附赠电子版。**将与本分册主题相关、因篇幅所限而未收录的相关文件制作成电子版文件。扫一扫封底“法规编辑部”可免费获取。

需要说明的是，只有国家正式通过、颁布的法律文本才具有法律效力，书中【条文主旨】、【理解与适用】、【典型案例指引】、【实用附录】等内容，为编者方便读者阅读、理解而编写，仅供参考。

中国法制出版社
2024年8月

《中华人民共和国退役军人保障法》理解与适用

退役军人为国防和军队建设做出了重要贡献，是社会主义现代化建设的重要力量，是党和国家的宝贵财富。制定退役军人保障法，对于加强退役军人保障工作，维护退役军人合法权益，让军人成为全社会尊崇的职业，具有重要意义。2020年11月11日，十三届全国人大常委会第二十三次会议审议通过了《中华人民共和国退役军人保障法》(以下简称《退役军人保障法》)，第六十三号主席令予以公布。《退役军人保障法》自2021年1月1日起施行。《退役军人保障法》是适应新时代退役军人保障工作需要的基础性、系统性和综合性法律，共10章、85条，主要内容包括：

(一) 立法目的和概念、范围。一是立法目的。制定本法是为了加强退役军人保障工作，维护退役军人合法权益，让军人成为全社会尊崇的职业。二是退役军人概念。本法所称退役军人，是指从中国人民解放军依法退出现役的军官、军士和义务兵等人员。三是适用范围。除了退役军人保障适用本法，同时还在附则中规定中国人民武装警察部队依法退出现役的警官、警士和义务兵等人员适用本法，本法有关军官的规定适用于文职干部，军队院校学员依法退出现役的参照本法有关规定执行。

(二) 保障工作的方针原则和工作体制。一是方针原则。退役军人保障工作坚持中国共产党的领导，坚持为经济社会发展服务、为国防和军队建设服务的方针，遵循以人为本、分类保障、服务优先、依法管理的原则。二是工作体制。规定了国务院退役军人工作主管部门、县级以上地方人民政府退役军人工作主管部门的职责，中央和国家有关机关、中央军事委员会有关部门、地方各级有关机关的职责，并明确要求军队各级负责退役军人有关工作的部门与县级以上人民政府退役军人工作主管部门应当密切配合，做好退役军人保障工作。三是经费保障机制。退役军人保障工作所需经费由中央和地方财政共同负担，退役安置、教育培训、抚恤优待资金主要由中央财政负担。

（三）退役军人移交接收工作机制。一是责任主体。明确了制定全国退役军人年度移交接收计划的主体、移交退役军人的主体和接收退役军人的主体及有关责任义务，并规定退役军人应当在规定时间内，持军队出具的退役证明到安置地人民政府退役军人工作主管部门报到。二是工作程序。对退役军人人事档案移交接收、户口登记、退役军人及随军未就业配偶的社会保险关系和相应资金转移接续等作出规定。三是制发优待证。规定了安置地人民政府退役军人工作主管部门在接收退役军人时，向退役军人发放退役军人优待证。退役军人优待证全国统一制发、统一编号，管理使用办法由国务院退役军人工作主管部门会同有关部门制定。四是移交接收过程中的问题处理机制。规定了退役军人移交接收过程中，发生与其服现役有关的问题，由原所在部队负责处理；发生与其安置有关的问题，由安置地人民政府负责处理；发生其他移交接收方面问题的，由安置地人民政府负责处理，原所在部队予以配合。并对原所在部队撤销或者转隶、合并情形下的问题处理机制作了规定。

（四）分类安置方式和保障措施。一是安置原则。在总则中规定退役军人安置工作应当公开、公平、公正。二是分类安置。根据退役军官、军士和义务兵的身份类别，结合服现役年限、所做贡献等因素，分别确定了退休、转业、逐月领取退役金、复员、自主就业、安排工作、供养等安置方式，并对不同安置方式的待遇保障等作出明确规定。三是优先安置对象。规定参战退役军人，担任作战部队师、旅、团、营级单位主官的转业军官，属于烈士子女、功臣模范的退役军人，长期在艰苦边远地区或者特殊岗位服现役的退役军人，优先安置。

（五）安置配套系列制度。一是编制保障。规定了机关、群团组织、事业单位接收安置转业军官、安排工作的军士和义务兵的，应当按照国家有关规定给予编制保障。二是劳动权益保障。规定了国有企业接收安置转业军官、安排工作的军士和义务兵的，应当按照国家规定与其签订劳动合同，保障相应待遇。同时，规定了机关、群团组织、事业单位和国有企业依法裁减人员时，应当优先留用接收安置的转业和安排工作的退役军人。三是拥军优属。规定各级人民政府加强拥军优属工作，为军人和家属排忧解难，符合条件的军官和军士退出现役时，其配偶和子女可以按照国家有关规定随调随迁，并对随调配偶就业、随迁子女转学入学等作出规定。此外，还对伤病残退役军人指令性移交安置、收治休养制度作出具体规定。

（六）教育培训措施。一是国家支持。规定了国家采取措施加强对退役军人的教育培训，帮助退役军人完善知识结构，提高思想政治水平、职业技能水平和综合职业素养，提升就业创业能力。二是退役前教育培训。规定了军人退役前，所在部队在保证完成军事任务的前提下，可以根据部队特点和条件提供职业技能储备培训。三是教育优惠政策。规定了退役军人在接受学历教育时，按照国家有关规定享受学费和助学金资助等国家教育资助政策，高等学校根据国家统筹安排，可以通过单列计划、单独招生等方式招考退役军人；现役军人入伍前已被普通高等学校录取或者是正在普通高等学校就学的学生，服现役期间保留入学资格或者学籍，退役后在入学、复学等方面享受相关教育优惠政策。四是职业技能培训。规定了国家依托和支持普通高等学校等机构为退役军人提供职业技能培训；军人退出现役，安置地人民政府应当根据就业需求组织其免费参加职业教育、技能培训，经考试考核合格的，发给相应的学历证书、职业资格证书或者职业技能等级证书并推荐就业。

（七）就业创业扶持措施。一是就业支持。规定了服现役期间因战、因公、因病致残被评定残疾等级和退役后补评或者重新评定残疾等级的残疾退役军人，有劳动能力和就业意愿的，优先享受国家规定的残疾人就业优惠政策；公共人力资源服务机构应当免费为退役军人提供职业介绍、创业指导等服务，国家鼓励经营性人力资源服务机构和社会组织为退役军人就业创业提供免费或者优惠服务；退役军人未能及时就业的，在人力资源和社会保障部门办理求职登记后，可以按照规定享受失业保险待遇；机关、群团组织、事业单位和国有企业在招录或者招聘人员时，对退役军人的年龄和学历条件可以适当放宽，同等条件下优先招录、招聘退役军人。二是就业渠道。规定了退役的军士和义务兵入伍前是机关、群团组织、事业单位或者国有企业人员的，退役后可以选择复职复工；各地应当设置一定数量的基层公务员职位，面向服现役满五年的高校毕业生退役军人招考；服现役满五年的高校毕业生退役军人可以报考面向服务基层项目人员定向考录的职位，同服务基层项目人员共享公务员定向考录计划；各地应当注重从优秀退役军人中选聘党的基层组织、社区和村专职工作人员；军队文职人员岗位、国防教育机构岗位等，应当优先选用符合条件的退役军人；学校可以聘请退役军人参与学生军事训练。三是创业支持。规定了相关创业孵化基地和创业园区优先为退役军人创业提供服务，退役军人创办小微企业，可以按照国家有关规定申请创业担保贷款，并享受贷款贴息等融资优惠政策；退役军人从事个体经营，依法享受税收优惠政策。

（八）优待帮扶措施。一是普惠与优待叠加。规定了各级人民政府应当坚持普惠与优待叠加的原则，在保障退役军人享受普惠性政策和公共服务基础上，结合服现役期间所做贡献和各地实际情况给予优待。二是特殊保障。规定了对参战退役军人应当提高优待标准；加强优抚医院、光荣院建设，收治或者集中供养孤老、生活不能自理的退役军人；残疾退役军人依法享受抚恤。三是优待措施。规定了国家逐步消除退役军人抚恤优待制度城乡差异、缩小地区差异；明确了在社会保险、住房、医疗、交通、文化和旅游等方面，对退役军人给予相应优待；退役军人符合安置住房优待条件的，实行市场购买与军地集中统建相结合，由安置地人民政府统筹规划、科学实施；建立退役军人帮扶援助机制。

（九）褒扬激励制度机制。一是荣誉激励。规定了国家建立退役军人荣誉激励机制，对在社会主义现代化建设中做出突出贡献的退役军人予以表彰、奖励。退役军人服现役期间获得表彰、奖励的，退役后按照国家有关规定享受相应待遇；国家注重发挥退役军人在爱国主义教育和国防教育活动中的积极作用，机关、群团组织、企业事业单位和社会组织可以邀请退役军人协助开展爱国主义教育和国防教育，县级以上人民政府教育行政部门可以邀请退役军人参加学校国防教育培训；县级以上人民政府退役军人工作主管部门应当加强对退役军人先进事迹的宣传，通过制作公益广告、创作主题文艺作品等方式，弘扬爱国主义精神、革命英雄主义精神和退役军人敬业奉献精神。二是褒扬激励。规定了安置地人民政府在接收退役军人时，应当举行迎接仪式；地方人民政府应当为退役军人家庭悬挂光荣牌，定期开展走访慰问活动；国家、地方和军队举行重大庆典活动时，应当邀请退役军人代表参加，被邀请的退役军人参加重大庆典活动时，可以穿着退役时的制式服装，佩戴服现役期间和退役后荣获的勋章、奖章、纪念章等徽章。三是弘扬英烈精神。规定了国家统筹规划烈士纪念设施建设，通过组织开展英雄烈士祭扫纪念活动等多种形式，弘扬英雄烈士精神。退役军人工作主管部门负责烈士纪念设施的修缮、保护和管理；国家推进军人公墓建设。符合条件的退役军人去世后，可以安葬在军人公墓。

（十）服务保障能力建设。一是服务机构建设。规定了国家加强退役军人服务机构建设，建立健全退役军人服务体系。县级以上人民政府设立退役军人服务中心，乡镇、街道、农村和城市社区设立退役军人服务站点，提升退役军人服务保障能力。二是服务机构职责。规定了退役军人服务中心、服务站点等退役军人服务机构应当加强与退役军人联系沟通，做好退役军人就业创业扶持、优抚帮扶、走访慰问、权益维护等服务保障工作。三是健全权益保障机制。规定了县级以上人民政府退役军人工作主管部门应当建立健全退役军人权益保障机制，畅通诉求表达渠道，为退役军人维护其合法权益提供支持和帮助；退役军人的合法权益受到侵害，应当依法解决；公共法律服务有关机构应当依法为退役军人提供法律援助等必要的帮助。同时，对加强退役军人法律法规和政策制度宣传、思想政治工作、保密教育和管理等作出规定。

（十一）监督管理。一是主管部门职责。规定了退役军人工作主管部门依法指导、督促有关部门和单位做好退役军人安置等工作，监督检查退役军人保障相关法律法规和政策措施落实情况，推进解决退役军人保障工作中存在的问题；国家实行退役军人保障工作责任制和考核评价制度；退役军人工作主管部门及其工作人员履行职责，应当自觉接受社会监督，并规定了未按照规定确定安置待遇、在退役军人保障工作中失职渎职等行为的法律责任。二是有关部门、安置单位职责。规定了其他负责退役军人有关工作的部门及其工作人员的职责和法律责任，以及安置单位拒绝或者无故拖延执行退役军人安置任务的法律责任。三是退役军人的义务和法律责任。要求退役军人继续发扬人民军队优良传统，模范遵守宪法和法律法规；弄虚作假骗取退役待遇的，应当承担法律责任；违法犯罪的，按照国家有关规定由省级人民政府退役军人工作主管部门中止、降低或者取消其退役相关待遇，报国务院退役军人工作主管部门备案。

此外，为做好法规政策衔接配套，《退役军人保障法》在附则中规定：军官离职休养和军级以上职务军官退休后，按照国务院和中央军事委员会的有关规定安置管理；本法施行前已经按照自主择业方式安置的退役军人的待遇保障，按照国务院和中央军事委员会的有关规定执行。同时，规定了退役军人优待证管理使用办法，优待内容、安置具体办法，残疾抚恤金标准，参战参试退役军人范围和认定标准等配套规定由有关部门制定。

目录

中华人民共和国退役军人保障法

第四章 教育培训

第五章 就业创业

第六章 抚恤优待

第八章　服务管理

第十章 附 则

实用核心法规

电子版增值文件（请扫封底“法规编辑部”二维码获取）

中华人民共和国退役军人保障法

（2020 年 11 月 11 日第十三届全国人民代表大会常务委员会第二十三次会议通过　2020 年 11 月 11 日中华人民共和国主席令第 63 号公布　自 2021 年 1 月 1 日起施行）

目　　录

第一章　总　　则

第一条　立法目的[①]

为了加强退役军人保障工作，维护退役军人合法权益，让军人成为全社会尊崇的职业，根据宪法，制定本法。

---

① 条文主旨为编者所加，下同。

▶**理解与适用**

[立法目的]

本法的立法目的，主要包括三个方面：一是加强退役军人保障工作，将加强保障作为重点，作出全方位的制度性安排，突出对退役军人的保障；二是维护退役军人合法权益，凸显党和国家对退役军人的关心关爱；三是让军人成为全社会尊崇的职业，在全社会营造尊重、关爱退役军人的浓厚氛围，不断提升军人地位的认可度。三个方面的立法目的相互联系，有机统一。

[宪法依据]

宪法是国家的根本法，是治国安邦的总章程。本法遵循宪法确定的基本精神和基本原则，并将宪法有关退役军人和其他优抚对象保障的规定具体化。比如《中华人民共和国宪法》第45条第2款规定，“国家和社会保障残废军人的生活，抚恤烈士家属，优待军人家属”。本法对有关保障对象和保障办法作了更具可操作性的规定，确保宪法规定得到有效实施。

▶**条文参见**

《中华人民共和国宪法》第45条第2款、第55条第2款

第二条 退役军人概念

本法所称退役军人，是指从中国人民解放军依法退出现役的军官、军士和义务兵等人员。

▶**理解与适用**

[依法退出现役]

符合退出现役的条件，经具备相应权限的机关批准退出现役，成为退役军人，享受退役军人有关待遇。成为退役军人的前提条件是必须依法退出现役，受到除名、开除军籍处分的人员，不属于本法所称退役军人。

［退役军人类别］

具体包括三类：一是军官，是指被任命为排级以上职务或者初级以上专业技术职务，并被授予相应军衔的现役军人。二是军士，是指国防和军队改革前的士官，是从服现役期满的义务兵中选取，或者从军队院校毕业的士官学员中任命，或者直接从非军事部门具有专业技能的公民中招收，并授予相应军衔的志愿兵役制士兵。三是义务兵，是指服义务兵役制的士兵。这三类军人依法退出现役的，就是本法所称的退役军人。对于武警部队官兵的适用问题，本法附则作了相应规定。

▶条文参见

《军队转业干部安置暂行办法》第2条；《退役军人安置条例》第2条

第三条　退役军人定位

退役军人为国防和军队建设做出了重要贡献，是社会主义现代化建设的重要力量。

尊重、关爱退役军人是全社会的共同责任。国家关心、优待退役军人，加强退役军人保障体系建设，保障退役军人依法享有相应的权益。

▶理解与适用

［退役军人定位］

退役军人的定位包括两个方面：一是在服役期间为国防和军队建设做出了重要贡献，除了认真完成各项军事任务，还积极参与地方经济社会建设；二是退役军人在各行业以普通公民的身份发挥着自身经验和特长，为国家经济建设和社会稳定继续做出贡献。通过这两个定位，充分彰显退役军人为国家和人民牺牲奉献的精神风范，树立退役军人继续积极发挥作用的价值导向。

［社会责任］

尊重、关爱退役军人是全社会的共同责任，全社会应当在依照本法规定做好接收安置、优待服务等事项的同时，充分发挥各自优势，通过各种形式体现对退役军人的尊重、关爱，为退役军人提供支持和帮助。

［国家责任］

国家对退役军人的责任包括三个方面：一是关心、优待退役军人。要发挥我党我军优良传统和重要特色，在政治上、经济上给予退役军人相应荣誉和待遇。二是加强退役军人保障体系建设。通过顶层制度设计带动建立退役军人服务保障体系，推动退役军人保障工作相关政策落实，打通服务保障退役军人的"最后一公里"。三是保障退役军人依法享有相应的权益。有关方面主动靠前做工作，真诚倾听退役军人诉求、真情纾解退役军人心结、真心维护退役军人合法权益，把问题解决到位、思想教育到位、困难帮扶到位。

▶条文参见

《军队转业干部安置暂行办法》第3条；《退役军人安置条例》第3条

第四条　工作方针原则

退役军人保障工作坚持中国共产党的领导，坚持为经济社会发展服务、为国防和军队建设服务的方针，遵循以人为本、分类保障、服务优先、依法管理的原则。

▶理解与适用

［党的领导］

坚持党的领导，就要把党的领导贯穿退役军人保障工作各方面全过程，建立健全领导体制机制，加强退役军人保障工作顶层设计、统筹协调、整体推进，确保党的路线方针政策和党中央决策部署得到全面贯彻和有效执行，把党的主张转化为广大退役军人的思想自觉和行动自觉，引导他们离军不离党、永远跟党走。

[工作方针]

退役军人保障工作方针主要包括两个方面：一是坚持为经济社会发展服务；二是为国防和军队建设服务。两者是相辅相成、不可分割的，统一于实现强国梦强军梦的伟大实践。要围绕实现党在新时代的强军目标谋划推进退役军人保障工作，适应国防和军队改革发展要求，解决好现役军人的后顾之忧，从而激励有志青年从军报国、献身国防，促进广大官兵安心服役、建功军营。

[遵循原则]

退役军人保障工作应当遵循的原则主要包括四个方面：一是以人为本的原则。要以退役军人为中心，把退役军人对美好生活的向往作为工作目标，把解决他们的困难、问题作为工作重点。二是分类保障的原则。要依据退役军人对国防和军队建设的贡献大小，在安置、就业、优抚、荣誉激励等方面实行不同的措施。这个原则体现在本法的各个方面。三是服务优先的原则。要真诚关爱、关心退役军人，热情帮助他们解决好实际困难，努力增强退役军人的荣誉感和归属感；要充分考虑广大退役军人的所需所盼，在政策允许的范围内，在公共服务领域等方面提供优先、优惠、优质服务。四是依法管理的原则。要通过依法管理，用法律法规保障退役军人合法权益，引导他们树立法治观念，依法依规反映诉求，使各项工作更加科学规范。

▶条文参见

《军队转业干部安置暂行办法》第5条

第五条 保障原则

退役军人保障应当与经济发展相协调，与社会进步相适应。

退役军人安置工作应当公开、公平、公正。

退役军人的政治、生活等待遇与其服现役期间所做贡献挂钩。

国家建立参战退役军人特别优待机制。

▶理解与适用

［基本要求］

退役军人保障的基本要求包括两个方面：一是应当与经济发展相协调；二是与社会进步相适应。要准确把握我国还处于社会主义初级阶段这个基本国情，立足于社会主义初级阶段这个最大实际，统筹规划、协调推进退役军人保障工作。做好退役军人保障工作，既要尽力而为，又要量力而行，在及时调整、提高保障水平的同时，要防止出台脱离发展实际的文件，保证退役军人保障政策和措施的可行性、可持续性。

［安置原则］

安置原则主要包括三个方面：一是公开。要求有关单位应当按照有关法律和《中华人民共和国政府信息公开条例》等规定，及时以各种方式向退役军人传达关于退役军人安置的法律法规和政策，以及退役军人的安置条件、安置结果、待遇保障等，让退役军人能够充分了解安置工作有关信息。二是公平。退役军人在安置相关法律法规和政策面前一律平等，在各个工作环节严格落实“阳光安置”政策，做到合法有据，严禁未按照规定确定退役军人安置待遇等违法行为。三是公正。是指退役军人的安置结果、享有的优惠政策等与服役期间所做贡献挂钩，服役贡献越大，安置后待遇保障越好；同时，兼顾退役军人服役的岗位经历、专长、德才条件和工作需要，尽量做到妥善安置、合理使用、人尽其才、各得其所，努力让每一名退役军人在退役安置工作中感受到公平正义。

［待遇确定原则］

退役军人的政治待遇，是国家给予退役军人精神激励的重要内容，主要包括以下方面：一是参加党组织生活。军人退出现役后，要继续学习党的文件，接受党的教育，属于党员的，还应当按照党章规定，参加党组织活动，行使党员权利、履行党员义务。二是其他政治待遇。如按照有关规定参加重大庆典活动时，可以着退役时的制式军装，佩戴服现役期间和退役后荣获的勋章、奖章、纪念章等徽章；地方人民政府在重大节日等开展走访慰问活动；县级以上地方人民政府负责地方志工作的机构将本行政区域内符合条件的退役军人的名录和事迹，编辑录入地方志；符合条件的退役军人去世后，可以安葬在军人公墓等。

退役军人的生活待遇，主要是指国家根据退役军人服现役期间所做贡献给予退役军人相应的物质待遇。

确定退役军人政治、生活等待遇的基本原则是与其服现役期间所做贡献挂钩，对不同类别退役军人的保障标准和保障水平，要根据其对国防和军队建设的贡献大小而定，将服役的年限、地区、岗位、立功受奖情况等指标因素与退役安置、服务保障相联系，在安置、服务、保障等方面体现出区别、区分出层次。

［特别优待］

国家通过系列制度机制对参战退役军人实行特别优待。本法在退役安置、抚恤优待等各方面对参战退役军人给予重点保障，把参战退役军人作为重点优待对象，明确规定要优先安排工作、提高优待标准，让其既有政治荣誉，又有相应的经济待遇，在“普惠”退役军人的基础上，从物质和精神两个方面给予参战退役军人“特惠”，充分体现优待政策的公平性和激励性。

第六条 退役军人义务

退役军人应当继续发扬人民军队优良传统，模范遵守宪法和法律法规，保守军事秘密，践行社会主义核心价值观，积极参加社会主义现代化建设。

▶理解与适用

［主要义务］

退役军人在享受国家各项保障权利的同时，也应当按照法律规定履行以下义务：一是继续发扬人民军队优良传统。退役军人应当以身作则、严于律己，把人民军队的先进思想、优良作风和高尚品质融入社会生活、工作岗位中去。二是模范遵守宪法和法律法规。退役军人长期接受党和国家的教育培养，具有过硬的政治素养和遵纪守法的意识，是国家关心和社会尊重的对象，更应知法、守法、护法，不断强化法治观念，主动维护宪法权威，自觉遵守法律规定，依法维护合法权益，通过模范遵守宪法和法律，维护社会法治秩序，积极传播法治理念。三是保守军事秘密。退役军人应当牢固树立保密意识，牢记军人保密守则，时刻保持警惕，时刻绷紧保密这根弦，自觉强化保密意识，高度重视保密工作，做好防间谍保密工作，自觉维护国防安全和军事利益。四是践行社会主义核心价值观。退役军人要深入学习、深刻领会社会主义核心价值观的重点要义和内容精髓，始终以社会主义核心价值观为思想引导，以社会主义核心价值观遵循为基本行为准则，以实际行动践行社会主义核心价值观。五是积极参加社会主义现代化建设。退役军人要坚定正确的理想信念，树立崇高的人生追求，及时主动地转变社会角色定位，发挥专长、补足短板，积极参加社会主义现代化建设，继续为国家富强、民族振兴、人民幸福贡献力量。

▶条文参见

《军队转业干部安置暂行办法》第9条；《退役军人安置条例》第9条

第七条 管理体制

国务院退役军人工作主管部门负责全国的退役军人保障工作。县级以上地方人民政府退役军人工作主管部门负责本行政区域的退役军人保障工作。

中央和国家有关机关、中央军事委员会有关部门、地方各级有关机关应当在各自职责范围内做好退役军人保障工作。

军队各级负责退役军人有关工作的部门与县级以上人民政府退役军人工作主管部门应当密切配合，做好退役军人保障工作。

▶理解与适用

[主管部门职责]

主管部门及其职责主要包括两个层次：

一是退役军人事务部。2018年4月16日，退役军人事务部正式挂牌。退役军人事务部作为国务院组成部门，负责贯彻落实党中央关于退役军人工作的方针政策和决策部署，在履行职责过程中坚持和加强党对退役军人工作的集中统一领导。主要职责：履行拟订退役军人思想政治、管理保障和安置优抚等工作政策法规并组织实施，褒扬彰显退役军人为党、国家和人民牺牲奉献的精神风范和价值导向，负责军队转业干部、复员干部、离退休干部、退役士兵和无军籍退休退职职工的移交安置工作和自主择业、就业退役军人服务管理工作，组织指导退役军人教育培训、优待抚恤、帮扶援助等，组织指导全国拥军优属工作，负责烈士及退役军人荣誉奖励、军人公墓维护以及纪念活动等职责。

二是各地退役军人事务厅（局）。县级以上地方人民政府组建退役军人工作主管部门，受当地党委、政府领导，负责本行政区域的退役军人保障工作。

从工作关系上看，退役军人事务部负责全国的退役军人保障工作，对地方退役军人工作主管部门进行业务指导。

［有关部门职责］

除退役军人工作主管部门外，中央和国家机关其他有关部门，包括中央组织部、中央宣传部、中央编办、教育部、民政部、财政部、人力资源和社会保障部、文化和旅游部、国家医保局等部门；中央军事委员会有关部门，包括中央军委政治工作部、后勤保障部、国防动员部等部门；地方各级有关机关也包括上述相关的部门。各有关部门要依照本法相关规定，在各自职责范围内协同做好退役军人保障相关工作。

［军地配合］

军人退役后转移接续人事档案、户籍、保险关系和相应资金，以及接收安置、就业创业等问题需要军地有关部门加强沟通、分工负责、密切配合、通力合作。军队各级负责退役军人有关工作的部门与县级以上人民政府退役军人工作主管部门，作为主责部门，应当密切配合，做好退役军人保障工作。

▶条文参见

《军队转业干部安置暂行办法》第6条至第8条；《退役军人安置条例》第7条；《军队离休退休干部服务管理办法》

第八条 信息化建设

国家加强退役军人保障工作信息化建设，为退役军人建档立卡，实现有关部门之间信息共享，为提高退役军人保障能力提供支持。

国务院退役军人工作主管部门应当与中央和国家有关机关、中央军事委员会有关部门密切配合，统筹做好信息数据系统的建设、维护、应用和信息安全管理等工作。

▶理解与适用

［信息化主要内容］

退役军人保障工作信息化建设主要包括三个方面：一是构建“退役军人服务＋互联网”平台，为退役军人提供生活、就业、创业、居住等全面、立体、综合化服务；构建全国退役军人综合管理平台，提高各级退役军人工作主管部门政务办公和业务执行能力；建立应用支撑平台，提高应用系统建设效率，解决互联互通问题；建设集约、高效、安全的基础运行环境，服务保障退役军人信息化建设。二是加强退役军人数据库建设，为政府部门科学决策、精准服务提供数据支撑和参考依据。三是整合汇聚中央和国家有关机关、中央军事委员会有关部门的信息数据，实现有关部门之间信息共享。

［加强信息化管理］

退役军人信息涉及多个部门，信息化建设是提升退役军人保障工作管理水平的重要手段，有关部门应当加强协作，做好信息化管理工作，共同推进退役军人保障工作的现代化管理。

第九条　经费保障

退役军人保障工作所需经费由中央和地方财政共同负担。退役安置、教育培训、抚恤优待资金主要由中央财政负担。

▶理解与适用

［分担机制］

按照党的十八届三中全会通过的《中共中央关于全面深化改革若干重大问题的决定》，适度加强中央事权和支出责任，国防、外交、国家安全、关系全国统一市场规则和管理等作为中央事权。中央和地方按照事权划分相应承担和分担支出责任。考虑到退役军人事务涉及中央和地方事权，本法明确规定，退役军人保障工作所需经费由中央和地方财政共同负担。《退役军人安置条例》第8条规定，退役军人安置所需经费，按照中央与地方财政事权和支出责任划分原则，列入中央和地方预算，并根据经济社会发展水平适时调整。

[主要项目支出责任]

结合现行制度和做法，本法规定了主要由中央财政负担的三类资金：一是退役安置资金。主要包括离退休人员经费、服务管理机构经费、退役军官安置经费、退役士兵安置经费。二是教育培训资金。主要包括退役军官教育培训经费、退役士兵教育培训经费。三是抚恤优待资金。主要包括优抚对象抚恤补助资金、优抚对象医疗补助资金、褒扬纪念和优抚事业单位补助资金。上述经费按照国家有关规定执行，主要由中央财政负担。

▶条文参见

《军队转业干部安置暂行办法》第58条、第59条；《退役军人安置条例》第8条

第十条 社会参与

国家鼓励和引导企业、社会组织、个人等社会力量依法通过捐赠、设立基金、志愿服务等方式为退役军人提供支持和帮助。

▶理解与适用

[参与主体]

社会参与的主体主要包括：一是企业，包括各类企业。二是社会组织，包括社会团体、基金会、社会服务机构。三是个人。国家鼓励和引导这些主体为退役军人提供支持和帮助。

[参与方式]

企业、社会组织和个人对退役军人提供支持和帮助的方式主要有：一是捐赠。捐赠的对象可以是为退役军人服务的社会组织，也可以是退役军人本人。二是设立基金。可以发起设立退役军人关爱基金，也可以将财产捐赠给基金会，让基金会设立专门为退役军人服务的基金项目，为适合条件的退役军人提供经济方面的资助。三是提供志愿服务。通过为退役军人开设

就业、教育等方面的培训，为残疾退役军人、老年退役军人提供生活照料等方式，为退役军人提供无偿的志愿服务。

第十一条 表彰奖励

对在退役军人保障工作中做出突出贡献的单位和个人，按照国家有关规定给予表彰、奖励。

▶理解与适用

［主要表彰项目］

按照《退役军人事务工作表彰奖励办法》，目前退役军人事务领域表彰奖励设置三个常设项目：一是“全国模范退役军人、全国退役军人工作模范单位及个人”，表彰周期 5 年；二是“全国双拥模范城（县）、全国双拥模范单位和全国双拥模范个人”，表彰周期 4 年；三是“退役军人服务保障先进单位及个人（含军休工作先进单位及个人、先进军休干部）”，表彰周期 5 年，一般在项目表彰后 2 年至 3 年实施。其中，全国模范退役军人、全国退役军人工作模范个人、全国爱国拥军模范个人、全国拥政爱民模范个人获得者，享受省部级表彰奖励获得者待遇（军队人员获奖者享受待遇，按军队有关规定执行）。

▶条文参见

《军队转业干部安置暂行办法》第 10 条；《退役军人安置条例》第 11 条

第二章　移交接收

第十二条 年度移交接收计划

国务院退役军人工作主管部门、中央军事委员会政治工作部门、中央和国家有关机关应当制定全国退役军人的年度移交接收计划。

▶理解与适用

[移交接收计划编制]

根据职责分工和管理权限，全国退役军人年度移交、接收计划由退役军人事务部、中央军委政治工作部及中央和国家有关机关部门共同编制、分类下达，一般分为退役军官和退役士兵移交接收计划，符合条件退役军官的随调随迁配偶子女接收计划一并下达。

▶条文参见

《军队转业干部安置暂行办法》第11条；《退役军人安置条例》第39条至第41条

第十三条 移交接收

退役军人原所在部队应当将退役军人移交安置地人民政府退役军人工作主管部门，安置地人民政府退役军人工作主管部门负责接收退役军人。

退役军人的安置地，按照国家有关规定确定。

▶理解与适用

[移交接收主体]

移交接收主体包括两个方面：一是退役军人原所在部队。退役军人安置计划下达后，退役军人原所在部队应当区分不同安置方式，及时为其办理各种手续，积极同安置地人民政府退役军人工作主管部门对接，做好人员、档案、保险关系等的移交工作。二是安置地人民政府退役军人工作主管部门。安置地人民政府退役军人工作主管部门应当按照移交接收计划，做好相关接收工作，协助公安机关做好户口登记工作，认真审查退役军人报到材料，积极办理符合接收条件的退役军人接收手续。

[安置地]

退役军人一般由其原籍或入伍时所在省（区、市）负责接收安置，符合条件的也可以到其配偶随军前或者结婚时常住户口所在地或者配偶现常住户口所在地安置。对无配偶的退役军官，可以比照军队规定的配偶随军条件到部队驻地安置，符合规定条件的也可以到父母任何一方常住户口所在地安置。对夫妻双方同为军人的、立功受奖的、在艰苦边远地区和特殊岗位上服役达到一定年限等若干特殊情况的退役军官，在安置地确定上给予一定照顾，适当放宽去向条件。易地安置到北京、上海、天津、重庆、广州以及其他严格控制人口规模的特大城市，还应当符合当地落户的相关规定。

▶条文参见

《军队转业干部安置暂行办法》第 16 条至第 21 条；《退役军人安置条例》第 43 条至第 49 条

第十四条　退役报到

退役军人应当在规定时间内，持军队出具的退役证明到安置地人民政府退役军人工作主管部门报到。

▶理解与适用

［报到时间］

按照现行做法，各种安置方式的退役报到时间要求有所不同，主要包括：一是军队转业和离退休干部离队后接到部队关于到安置地报到的通知后，应当按照通知要求的报到时限办理报到手续。二是退休士官和国家供养退役士兵，通常根据移交、接收和安置的具体情况确定报到时间。三是退休军官的报到程序，参照移交政府安置的军队退休干部的有关规定执行。四是集中移交的安排工作退役士兵应当在接收安置通知书规定的时间内，自主就业退役士兵和非集中移交的安排工作退役士兵应当自被批准退出现役之日起30 日内，办理报到登记手续。

［退役证明］

军队转业干部，一般持师以上机关开具行政、组织、工资、保险等相关介绍信到地方报到。退役士兵持退出现役证件、介绍信（集中移交的还应有接收安置通知书）到安置地退役军人工作主管部门办理报到登记。

▶条文参见

《退役军人安置条例》第 51 条；《退役军人事务部、中央军委政治工作部关于进一步规范退役士兵移交安置工作有关具体问题的通知》

第十五条　退役军人优待证

安置地人民政府退役军人工作主管部门在接收退役军人时，向退役军人发放退役军人优待证。

退役军人优待证全国统一制发、统一编号，管理使用办法由国务院退役军人工作主管部门会同有关部门制定。

▶理解与适用

[优待证类型]

优待证分为“中华人民共和国退役军人优待证”、“中华人民共和国烈士、因公牺牲军人、病故军人遗属优待证”两种，分别面向符合条件的退役军人和烈士遗属、因公牺牲军人遗属、病故军人遗属等其他优抚对象发放。

[优待证管理]

优待证全国统一制发，统一式样，印有优待证种类名称、持证人姓名、持证人性别、持证人相片、发放单位等信息。持证人凭优待证按照《中华人民共和国退役军人保障法》和国家有关规定，享受公共交通、文化、旅游等方面的优待服务。退役军人和烈士遗属、因公牺牲军人遗属、病故军人遗属等其他优抚对象原则上应向户籍地乡镇（街道）退役军人服务站提出申请。不在户籍地常住的，可向常住地乡镇（街道）退役军人服务站提出申请。安置地退役军人事务部门接收退役军人时，可依对象本人意愿完成申领。无民事行为能力或限制民事行为能力人，需由监护人提出申请。

▶条文参见

《退役军人、其他优抚对象优待证管理办法（试行）》

第十六条 档案移交接收

军人所在部队在军人退役时，应当及时将其人事档案移交安置地人民政府退役军人工作主管部门。

安置地人民政府退役军人工作主管部门应当按照国家人事档案管理有关规定，接收、保管并向有关单位移交退役军人人事档案。

▶理解与适用

[军人人事档案]

军人人事档案是军人入伍、履历、政治思想、服役表现、晋级晋衔晋职、伤病残情况、家庭及社会关系等的历史记载，是全面了解军人服役经历、确定其退役后各项待遇的依据，是国家档案的重要组成部分。军人所在部队对人事档案负有保管义务，并在军人退役时按国家有关规定进行流转和移交。

[档案移交]

军人退役之前，所在部队应按有关规定整理其档案材料。军人退役时，所在部队政治工作部门应把退役军人档案移交给安置地县级以上人民政府退役军人工作主管部门。军人档案应当要素齐全、内容规范、真实无误、完好无损，转递手续齐备、安全保密。退役军人个人不得自行携带、保管档案。

[档案接收保管和再移交]

安置地人民政府退役军人工作主管部门接收退役军人人事档案后，应当按照有关法律法规和规章制度管理退役军人档案，依法对部队组织移交的档案进行审核。军地双方要密切沟通，加强配合。退役军人工作主管部门接收退役军人档案后，还需根据退役军人安置等情况，向具有人事档案管理权限的单位，包括国家机关、群团组织、事业单位、国有企业和各地的人才交流中心等有关单位移交退役军人的人事档案。

▶条文参见

《退役军人安置条例》第 50 条

第十七条 户口登记

安置地人民政府公安机关应当按照国家有关规定，及时为退役军人办理户口登记，同级退役军人工作主管部门应当予以协助。

▶理解与适用

[公民入伍注销户口]

根据《中华人民共和国户口登记条例》第 11 条规定，被征集服现役的公民，在入伍前，由本人或者户主持应征公民入伍通知书向常住地户口登记机关申报迁出登记，注销户口，不发迁移证件。

[退役户口登记]

《中华人民共和国户口登记条例》第 13 条第 2 款第 1 项规定，复员、转业和退伍的军人，凭县、市兵役机关或者团以上军事机关发给的证件，到迁入地的户口登记机关申报迁入登记。安置地退役军人工作主管部门在退役军人报到后及时为其开具户口登记介绍信，公安机关据此为退役军人办理户口登记手续。入伍的高校应届毕业生以自主就业方式退出现役后 1 年内，还可参照普通高等学校应届毕业生，凭用人单位录（聘）用手续，向就读高校再次申请办理就业报到证。各地公安机关依据退出现役高校毕业生所持的《全国普通高等学校毕业生就业报到证》，为其办理从原籍到工作所在地的户口迁移手续。计划分配军转干部在落实接收单位后，可以凭退役军人工作主管部门开具的《落户通知书》，向所在地公安机关户籍部门办理落户手续。

▶**条文参见**

《中华人民共和国户口登记条例》第 11 条、第 13 条第 2 款；《退役军人安置条例》第 53 条

第十八条 保险转移接续

退役军人原所在部队应当按照有关法律法规规定，及时将退役军人及随军未就业配偶的养老、医疗等社会保险关系和相应资金，转入安置地社会保险经办机构。

安置地人民政府退役军人工作主管部门应当与社会保险经办机构、军队有关部门密切配合，依法做好有关社会保险关系和相应资金转移接续工作。

▶**理解与适用**

［转移接续］

军队各级后勤（保障）部门，负责军人退役基本养老保险补助的计算、审核、划转工作，各级人民政府人力资源和社会保障部门负责军人退役基本养老保险关系接续和补助资金接收工作。退役基本养老保险补助由军人所在单位财务部门在军人退出现役时一次算清记实。同时，国家为随军未就业的军人配偶建立养老保险、医疗保险等，随军未就业的军人配偶参加保险，应当缴纳养老保险费和医疗保险费，国家给予相应的补助。随军未就业的军人配偶实现就业或者军人退出现役时，由军队后勤（保障）部门将其养老保险、医疗保险关系和相应资金转入地方社会保险经办机构，地方社会保险经办机构办理相应的转移接续手续。

［配合协作］

退役军人及随军未就业配偶的保险关系和相应资金的转移接续工作，涉及多个环节、多个军地部门，相关部门多次就相关问题联合出台规范性文件、下发工作通知等，为加强部门之间的沟通协调提供了制度依据，有力促进了转移接续工作的顺

利开展。安置地人民政府退役军人工作主管部门与社会保险经办机构、军队有关部门需要加强沟通协调，加快完善信息对接系统，做到经办流程清晰明了、手续衔接畅通无阻、资金转移安全快捷，切实做好有关社会保险关系和相应资金转移接续各项工作。

▶条文参见

《中华人民共和国军人保险法》第16条至第19条、第23条、第27条

第十九条 问题处理机制

退役军人移交接收过程中，发生与其服现役有关的问题，由原所在部队负责处理；发生与其安置有关的问题，由安置地人民政府负责处理；发生其他移交接收方面问题的，由安置地人民政府负责处理，原所在部队予以配合。

退役军人原所在部队撤销或者转隶、合并的，由原所在部队的上级单位或者转隶、合并后的单位按照前款规定处理。

▶理解与适用

［服役问题处理］

服役期间的职务及等级、服役年限、服役贡献、奖惩情况、伤病残情况、在艰苦边远地区或特殊岗位服役情况等方面的问题，由原所在部队负责处理。

［安置问题处理］

安置地的确定、安置方式的适用、退役待遇标准、随调配偶工作安排、随迁子女入学等方面的问题，由安置地人民政府处理，需要原所在部队协助的，原所在部队应当支持安置地人民政府解决相关问题。

［其他问题处理］

除服现役、安置有关的问题外，移交接收方面的其他问题

由安置地人民政府负责处理，需要原所在部队协助的，原所在部队负有积极配合的法定义务，应当支持安置地人民政府解决相关问题。

[特殊情形的问题处理]

如果退役军人原所在部队撤销或者转隶、合并，即原所在部队已不存在，则本应由原所在部队处理的事项，既可以由原所在部队的上级单位处理，也可以由原所在部队的权利义务承受人，即转隶、合并后的单位处理。

▶条文参见

《军队转业干部安置暂行办法》第64条

第三章　退役安置

第二十条　安置责任

地方各级人民政府应当按照移交接收计划，做好退役军人安置工作，完成退役军人安置任务。

机关、群团组织、企业事业单位和社会组织应当依法接收安置退役军人，退役军人应当接受安置。

▶理解与适用

[政府安置责任]

地方各级人民政府应当遵循分类保障的原则，采取多种措施，畅通退役安置渠道，探索实行量化赋分、积分选岗、双向选择等多种形式相结合的安置办法，坚持公开、公平、公正，妥善安置、合理使用，提高退役军人安置质量。

[安置单位责任]

机关、群团组织、事业单位是承担退役军人安置任务的重要主体，大量企业和社会组织积极接收退役军人，给安置退役军人提供了许多就业机会，成为安置退役军人的重要渠道，为做好退役军人安置工作做出了较大贡献。退役军人到企业和社会组织工作的，其劳动就业、社会保险等权益依法受到保护，用人单位依法享受税收优惠等政策。

［接受安置义务］

退役军人有接受安置的义务，应当按照不同安置方式的规定，及时做好到安置地和有关单位报到等工作，不得拒绝接受安置。对于拒不服从安置的，按照国家有关规定处理。例如，符合安排工作条件的退役士兵无正当理由拒不服从安置地人民政府安排工作的，视为放弃安排工作待遇。

第二十一条　退役军官安置

对退役的军官，国家采取退休、转业、逐月领取退役金、复员等方式妥善安置。

以退休方式移交人民政府安置的，由安置地人民政府按照国家保障与社会化服务相结合的方式，做好服务管理工作，保障其待遇。

以转业方式安置的，由安置地人民政府根据其德才条件以及服现役期间的职务、等级、所做贡献、专长等和工作需要安排工作岗位，确定相应的职务职级。

服现役满规定年限，以逐月领取退役金方式安置的，按照国家有关规定逐月领取退役金。

以复员方式安置的，按照国家有关规定领取复员费。

▶理解与适用

［退休移交人民政府安置］

退休军官移交人民政府安置管理，回归地方和社会，安置地人民政府要按照国家保障与社会化服务相结合的方式，成立服务管理机构，落实各项政治待遇和生活待遇，开展服务管理，保障退休军官安享幸福生活。

［转业］

以转业方式安置的军官，一般应符合以下基本条件：一是达到平时服现役最高年龄的；二是受军队编制员额限制不能调整使用的；三是因身体状况不能坚持军队正常工作但能够适应地方工作的；四是其他原因需要退出现役作转业安置的。

转业军官的工作安排和职务职级确定等安置工作，应当坚持为经济社会发展、为国防和军队建设服务的方针，贯彻妥善安置、合理使用、人尽其才、各得其所的原则，由安置地人民政府根据其德才条件以及服现役期间的职务、等级、所做贡献、专长等和工作需要安排工作岗位，确定相应的职务职级。

［逐月领取退役金］

以逐月领取退役金方式安置与军人服役年限挂钩，体现对军人服役贡献的褒奖。国家积极扶持以逐月领取退役金方式安置的军官就业创业，鼓励其积极就业创业，更好地在经济社会建设中发挥作用。

［复员］

符合退出现役条件且本人自愿要求复员，或者刑满释放、被开除党籍等不宜安排转业又不具备退休条件的军队干部可以选择复员。自愿要求复员的军队干部，须由本人提出书面申请。以复员方式安置的军官，复员费的计算、发放由军队在其退役时按规定标准核定、发放。

▶条文参见

《中华人民共和国国防法》第 64 条、第 65 条；《中华人民共和国兵役法》第 55 条；《军队转业干部安置暂行办法》第 4 条、第 23 条、第 24 条

第二十二条 退役军士安置

对退役的军士，国家采取逐月领取退役金、自主就业、安排工作、退休、供养等方式妥善安置。

服现役满规定年限，以逐月领取退役金方式安置的，按照国家有关规定逐月领取退役金。

服现役不满规定年限，以自主就业方式安置的，领取一次性退役金。

以安排工作方式安置的，由安置地人民政府根据其服现役期间所做贡献、专长等安排工作岗位。

以退休方式安置的，由安置地人民政府按照国家保障与社会化服务相结合的方式，做好服务管理工作，保障其待遇。

以供养方式安置的，由国家供养终身。

▶理解与适用

［自主就业］

服现役不满规定年限，是指服现役不满 12 年。一次性退役金由中央财政安排专项经费按统一标准发给退役军士。有立功获奖的，按比例增发，目前标准是荣立三等功、二等功、一等功或军级以上荣誉称号的，分别增发 5%、10%、15%。地方政府可以根据当地实际情况给予一次性经济补助，具体标准由各省、自治区和直辖市制定。

［安排工作］

根据现有安置政策，符合下列条件之一的军士，退役时以安排工作方式安置：(1) 军士服现役满 12 年；(2) 服现役期间平时荣获二等功以上奖励，或者战时荣获三等功以上奖励；(3) 因战致残被评定为 5 级至 8 级残疾等级；(4) 烈士子女。

［退休］

中级以上军士符合下列条件之一的，以退休方式安置：(1) 年满55周岁；(2) 服现役满30年；(3) 因战、因公致残，被评定为1级至6级残疾等级；(4) 经军队医院证明和军级以上单位卫生部门审核确认因病基本丧失工作能力。

[供养]

被评定为1级至4级残疾等级的初级军士退出现役的，由国家供养终身，分为集中供养和分散供养两种形式。符合下列条件之一的，由国家集中供养：(1) 因残疾原因需要经常进行医疗处置的；(2) 日常生活需要护理，不便于分散安置照顾的；(3) 独身一人不便于分散安置的。分散供养是指以供养方式安置的退役军士，本人自愿回家休养。分散供养的退役军士，由军队发放一次性安置补助费，并由安置地人民政府退役军人工作主管部门发放残疾抚恤金。

▶条文参见

《中华人民共和国兵役法》第54条；《退役军人安置条例》第三章

第二十三条 退役义务兵安置

对退役的义务兵，国家采取自主就业、安排工作、供养等方式妥善安置。

以自主就业方式安置的，领取一次性退役金。

以安排工作方式安置的，由安置地人民政府根据其服现役期间所做贡献、专长等安排工作岗位。

以供养方式安置的，由国家供养终身。

▶理解与适用

[自主就业]

服现役满2年的士兵（含提前退出现役），以自主就业方式安置，领取一次性退役金。一次性退役金由中央财政负担，根据服役年限确定，服现役年限不满6个月的按照6个月计算，超过6个月不满1年的按照1年计算。有立功获奖的，按比例增发，荣立三等功、二等功、一等功或军级以上荣誉称号的，分别增发5%、10%、15%。

[安排工作]

退役义务兵符合下列条件之一的，由人民政府安排工作：(1) 服役期间平时荣获二等功以上奖励或者战时荣获三等功以上奖励的；(2) 因战致残被评定为5级至8级残疾等级的；(3) 是烈士子女的。符合安排工作条件的退役士兵，退役时自愿选择自主就业的，依照自主就业方式安置的有关规定办理。

[供养]

被评定为1级至4级残疾等级的义务兵退出现役的，由国家供养终身。国家供养的残疾退役义务兵，其生活、住房、医疗等保障，按照以供养方式安置退役军士的有关规定执行。

▶条文参见

《中华人民共和国兵役法》第53条；《退役军人安置条例》第三章

第二十四条　安置适用条件

退休、转业、逐月领取退役金、复员、自主就业、安排工作、供养等安置方式的适用条件，按照相关法律法规执行。

▶理解与适用

退役军人安置涉及退休、转业、逐月领取退役金、复员、自主就业、安排工作、供养等多种方式，影响退役军人保障水平的因素较多，本法原则规定了各类安置方式的适用条件，具体的适用条件和待遇保障按照相关法律法规执行，既能够适应未来安置改革新趋势，又能够与已有的相关法律法规相衔接，同时为下一步制定完善配套法规规章和具体政策预留接口。

第二十五条　优先安置

转业军官、安排工作的军士和义务兵，由机关、群团组织、事业单位和国有企业接收安置。对下列退役军人，优先安置：

（一）参战退役军人；

（二）担任作战部队师、旅、团、营级单位主官的转业军官；

（三）属于烈士子女、功臣模范的退役军人；

（四）长期在艰苦边远地区或者特殊岗位服现役的退役军人。

▶理解与适用

［安置渠道］

转业军官、安排工作的军士和义务兵，有的服现役时间较长，有的立功受奖，有的因战、因公致残，在服役期间做出了较大的贡献和牺牲。明确这部分退役军人由机关、群团组织、事业单位和国有企业接收安置，能够充分体现国家对退役军人的关心关爱，消除现役官兵后顾之忧，凝聚军心士气，引导现役军人在部队长期服役，扎根基层，建功立业。

［优先安置］

退役军人保障与其服役期间所做贡献挂钩，将参战退役军人，担任作战部队师、旅、团、营级单位主官的转业军官，属于烈士子女、功臣模范的退役军人，长期在艰苦边远地区或者特殊岗位服现役的退役军人列入优先安置范围，彰显国防贡献越大、退役安置和服务保障越好的鲜明导向。担任作战部队师、旅、团、营级单位主官的转业军官，是指从作战部队师、旅、团、营级单位主官岗位上转业的军官。

▶条文参见

《军队转业干部安置暂行办法》第22条、第24条、第26条、第28条；《退役军人安置条例》第5条

第二十六条 编制待遇保障

机关、群团组织、事业单位接收安置转业军官、安排工作的军士和义务兵的，应当按照国家有关规定给予编制保障。

国有企业接收安置转业军官、安排工作的军士和义务兵的，应当按照国家规定与其签订劳动合同，保障相应待遇。

前两款规定的用人单位依法裁减人员时，应当优先留用接收安置的转业和安排工作的退役军人。

▶理解与适用

[编制保障]

根据国家有关规定，党政机关接收军队转业干部，按照军队转业干部计划分配数的25%增加行政编制。按25%增加行政编制后有缺口的，首先用自然减员空缺出来的行政编制解决；解决后仍不够的，可专项向中央机构编制部门报告。对中央和国家机关京外直属机构、企业事业单位，其上级主管部门要按照有关规定及时解决所属单位接收军队转业干部所需增加的编制、职数和工资总额等问题，保证安置计划的落实。本条对安排工作的退役军人编制保障作了刚性约束，既解决了安排工作退役军人的身份，也解决了待遇保障问题。

[待遇保障]

国有企业应当与接收安置的退役军人按照国家规定签订劳动合同，确定劳动关系，明确双方权利和义务，依法保障他们的合法权益。按照有关规定，国有企业应当与接收安置的转业军官、安排工作的军士和义务兵签订不低于3年的固定期限劳

动合同，对于服现役10年以上的，应当与其签订无固定期限劳动合同，并确保这些退役军人享受本企业同等条件人员的工资和福利待遇。

[裁员限制]

机关、群团组织、事业单位、国有企业对于接收安置转业军官、安排工作的军士和义务兵，不得随意辞退、解聘或者解除劳动合同。如果在机构撤销、转隶和合并时，国有企业生产经营发生严重困难时，确需裁减人员的，应当优先留用接收安置的转业军官、安排工作的军士和义务兵。

▶**条文参见**

《军队转业干部安置暂行办法》第25条、第27条、第30条；《退役军人安置条例》第30条、第73条

第二十七条 身份转换后的待遇调整

以逐月领取退役金方式安置的退役军官和军士，被录用为公务员或者聘用为事业单位工作人员的，自被录用、聘用下月起停发退役金，其待遇按照公务员、事业单位工作人员管理相关法律法规执行。

▶**理解与适用**

[停发退役金的情形]

以逐月领取退役金方式安置的退役军官和军士符合条件的，可以报考公务员和事业单位工作人员。考虑到公务员和事业单位工作人员的待遇保障也是由国家财政负担，这部分退役军人被录用为公务员或事业单位工作人员的，停发退役金，符合财政支出的基本原则，也有利于机关、事业单位内部人员之间的待遇公平。这里所指的公务员和事业单位工作人员，是指纳入国家行政编制和事业单位编制、由国家财政负担工资福利的工作人员。

[停发退役金后待遇保障]

以逐月领取退役金方式安置的退役军人自被录用为公务员或者聘用为事业单位工作人员的下月起停发退役金，其待遇按照公务员、事业单位工作人员管理相关法律法规执行。规定录用、聘用的下月起停发退役金，能够确保待遇的有效衔接和过渡期的生活保障。关于公务员和事业单位工作人员的待遇，公务员法和事业单位人事管理条例作了明确规定。

第二十八条 伤病残退役军人安置

国家建立伤病残退役军人指令性移交安置、收治休养制度。军队有关部门应当及时将伤病残退役军人移交安置地人民政府安置。安置地人民政府应当妥善解决伤病残退役军人的住房、医疗、康复、护理和生活困难。

▶理解与适用

[指令性移交安置、收治休养制度]

伤病残退役军人移交安置需要军队、地方有关部门、伤病残退役军人及家属合作完成。建立伤病残退役军人指令性移交安置、收治休养制度，有利于军队和地方密切合作，提高接收安置效率，更好维护伤病残退役军人合法权益。

[军队有关部门责任]

军队各级有关部门要搞好政策宣传和教育引导工作，主动加强与国家机关和地方党委政府的沟通协调，建立稳定长效协作机制，及时研究解决移交安置工作中遇到的矛盾和问题，做好伤残等级评定和因病基本丧失工作能力医学鉴定工作，按照基本程序和时间节点及时移交伤病残退役军人。

[安置地政府责任]

妥善解决伤病残退役军人的住房、医疗、康复、护理和生活困难，是安置地政府的主要职责。各安置地政府必须坚持以政策规定为依据，调动一切积极因素和社会保障资源，营造关心优待伤病残退役军人的良好氛围。

[伤病残退役军人待遇保障]

主要包括以下几个方面：一是住房保障。纳入军队退休干部住房保障计划，采取购买经济适用住房或自理住房的方式，优先落实安置住房，同时享受住房补贴；分散供养的伤病残退役军士和义务兵，其住房保障按照供养的有关规定执行。二是医疗、康复、护理保障。伤病残退休军人移交政府安置后的医疗保障，比照安置地国家机关退休公务员参加基本医疗保险和实行公务员医疗补助，享受相应医疗待遇。伤病残退役军人中的残疾军人和带病回乡退伍军人，按规定享受相应的医疗优待。三是安置补助。移交政府安置时，由军队根据本人伤病残情况发给一次性安置补助费；接收1级至4级残疾和患重症精神病退役军人的优抚医院，中央财政给予适当补助，用于增加床位、医疗设备及房屋维修等支出，确保有关方面积极做好伤病残退役军人安置工作。符合下列条件的，经省级人民政府退役军人工作主管部门批准，可以由优抚医院收治，享受优抚医院提供的医疗、康复、护理等服务：(1) 需要常年医疗或者独身一人不便分散安置的1级至4级残疾退役军人；(2) 在服役期间患严重慢性病的残疾退役军人和带病回乡复员退伍军人；(3) 在服役期间患精神疾病，需要住院治疗的复员退伍军人；(4) 短期疗养的优抚对象；(5) 主管部门安排收治的其他人员。

▶条文参见

《中华人民共和国国防法》第65条；《伤病残军人退役安置规定》

第二十九条　家属安置

各级人民政府加强拥军优属工作，为军人和家属排忧解难。

符合条件的军官和军士退出现役时，其配偶和子女可以按照国家有关规定随调随迁。

随调配偶在机关或者事业单位工作，符合有关法律法规规定的，安置地人民政府负责安排到相应的工作单位；随调配偶在其他单位工作或者无工作单位的，安置地人民政府应当提供就业指导，协助实现就业。

随迁子女需要转学、入学的，安置地人民政府教育行政部门应当予以及时办理。对下列退役军人的随迁子女，优先保障：

（一）参战退役军人；

（二）属于烈士子女、功臣模范的退役军人；

（三）长期在艰苦边远地区或者特殊岗位服现役的退役军人；

（四）其他符合条件的退役军人。

▶理解与适用

［配偶子女随调随迁］

家属随调，是指符合条件的军官和军士退出现役时，其有正式工作（有行政、事业编制等）且符合规定条件的家属可以随同退役军人调至安置地，由安置地重新安排工作。家属随调应注意：一是退役军人在原部队驻地安置则不存在随调的问题。安置地与原部队驻地不同，家属才可能需要随调。二是随调的退役军人家属应当在原地有正式工作，属于正式工作人员。三是随调家属应当纳入当年的退役军人移交接收计划。

家属随迁，是指符合条件的军官和军士退出现役，确定不在部队驻地安置，其没有正式工作且符合规定条件的家属，可以随同退役军人迁移至安置地，由安置地人民政府公安机关办理落户手续。

［随调随迁配偶就业保障］

主要包括两种情况：一是如果退役军人随调配偶原来是在机关或者事业单位工作，并具有行政、事业等相应编制，符合公务员法等有关法律法规规定的，由安置地人民政府根据其职务等级、从事的职业等因素，安排到相应的工作单位。二是如果退役军人随调随迁配偶在其他单位工作或者无工作单位，并且符合就业条件的，安置地人民政府应当提供就业指导和服务，协助其实现就业。

［随迁子女转学入学保障］

主要包括两个方面：一是退役军人的随迁子女需要转学、入学的，安置地人民政府教育行政部门应当予以及时办理。随迁子女的户口随退役军人迁移后，达到入学年龄、满足入学条件的，安置地人民政府教育行政部门应当安排其在户口所在地内（迁入地）就近入学；满足转学条件的，安置地人民政府教育行政部门应当及时帮助其确定转入学校，并办理转学手续。二是对参战退役军人，属于烈士子女、功臣模范的退役军人，长期在艰苦边远地区或者特殊岗位服现役的退役军人，以及其他符合条件的退役军人的随迁子女，安置地人民政府教育行政部门应当优先保障。

▶条文参见

《中华人民共和国国防法》第 66 条；《军队转业干部安置暂行办法》第 54 条至第 57 条

第三十条　安置具体办法

军人退役安置的具体办法由国务院、中央军事委员会制定。

▶理解与适用

本法对退役军人退役安置的主要制度作了规定，要具体落实，还需要根据本法规定，以及国防和军队改革情况，由国务院、中央军事委员会制定军人退役安置的具体办法。

▶条文参见

《军队转业干部安置暂行办法》；《退役军人安置条例》

第四章　教育培训

第三十一条　教育培训基本规定

退役军人的教育培训应当以提高就业质量为导向，紧密围绕社会需求，为退役军人提供有特色、精细化、针对性强的培训服务。

国家采取措施加强对退役军人的教育培训，帮助退役军人完善知识结构，提高思想政治水平、职业技能水平和综合职业素养，提升就业创业能力。

▶理解与适用

［目标导向］

有针对性地加强对退役军人的教育培训，提高退役军人个人能力，促进我国退役军人的就业，对于稳定军心，促进退役军人顺利融入社会、为经济社会发展做贡献具有重要意义。围绕社会需求，对退役军人开展有特色、精细化、针对性强的培训服务，可以帮助退役军人改善知识结构，提升能力素质，有助于退役军人的长远发展。

［提升就业创业能力］

完善知识结构，提高思想政治水平、职业技能水平和综合职业素养是退役军人教育培训工作的直接目标，而提升退役军人的就业创业能力则是退役军人教育培训工作的根本目的。提升就业创业能力，是退役军人提高就业质量的关键途径。国家高度重视帮助退役军人改善知识结构、提高职业技能水平、提升综合职业素养，为其实现高质量就业提供内在动力。

▶条文参见

《军队转业干部安置暂行办法》第44条；《关于加强退役士兵职业教育和技能培训工作的通知》；《关于促进新时代退役军人就业创业工作的意见》

第三十二条　教育培训体系

国家建立学历教育和职业技能培训并行并举的退役军人教育培训体系，建立退役军人教育培训协调机制，统筹规划退役军人教育培训工作。

▶理解与适用

[培训体系]

通过完善多层次、多样化的教育培训体系，将退役军人就业创业培训纳入国家学历教育和职业教育体系，依托普通高校、职业院校（含技工院校）等教育资源，促进现役军人与退役军人教育培训相衔接、学历教育与技能培训互为补充，改善知识结构，提升能力素质，保障退役军人接受多层次多样化教育培训的权益。

[协调机制]

在国家统筹协调下，退役军人事务部、教育部、财政部、人力资源和社会保障部等多部门，根据中央有关文件精神，共同出台了许多促进退役军人教育培训工作的政策文件，明确了各部门的职责范围，建立了各部门之间的合作协调机制。

▶条文参见

《关于促进新时代退役军人就业创业工作的意见》；《关于加强退役士兵职业教育和技能培训工作的通知》

第三十三条 退役前教育培训

军人退役前，所在部队在保证完成军事任务的前提下，可以根据部队特点和条件提供职业技能储备培训，组织参加高等教育自学考试和各类高等学校举办的高等学历继续教育，以及知识拓展、技能培训等非学历继续教育。

部队所在地县级以上地方人民政府退役军人工作主管部门应当为现役军人所在部队开展教育培训提供支持和协助。

▶理解与适用

[退役前教育培训]

针对军人职业的特殊性，在不影响军人完成军事任务的前提下，国家鼓励帮助其完成军地衔接阶段的各类教育培训，有利于促进服役期间与退役后的教育培训有效衔接，有利于进一步帮助退役军人提升就业竞争力，尽快适应社会。

[所在部队职责]

主要包括两个方面：一是学历继续教育。军队根据建设和官兵职业发展需求，依托军队院校教育资源，构建自学考试专业体系和管理机制，提升官兵学历层次。二是非学历继续教育。对接各类人员职业发展路径，开展职业资格认证培训、职业技能鉴定培训、岗位能力提升学习等，推动军事职业教育课程体系与部队岗位履职要求相互衔接。

[当地政府部门职责]

部队所在地县级以上地方人民政府退役军人工作主管部门应当为现役军人所在部队开展教育培训提供支持和协助，介绍地方党政机构、经济社会体制改革形势、劳动用工、干部人事制度等，介绍国家和本地区政治、经济、社会、文化建设状况及发展趋势，介绍地方人才需求、使用情况、安置政策和程序办法及讲授有关法律法规和政策制度等，使现役军人熟悉了解地方情况，树立正确择业观念，提高适应能力。

▶条文参见

《军队转业干部安置暂行办法》第 47 条；《退役军人安置条例》第六章；《关于促进新时代退役军人就业创业工作的意见》；《关于加强和改进退役士兵教育培训工作的通知》；《关于加强退役士兵职业教育和技能培训工作的通知》

第三十四条 教育资助和单独招生

退役军人在接受学历教育时，按照国家有关规定享受学费和助学金资助等国家教育资助政策。

高等学校根据国家统筹安排，可以通过单列计划、单独招生等方式招考退役军人。

▶理解与适用

[学历教育国家资助]

退役军人接受高等学历教育的，由所在高等学校或者经批准承担研究生教育任务的科学研究机构根据其修业年限、学业成绩等，按照国家有关规定，发给相应的学历证书或者其他学业证书。根据 2021 年 12 月 30 日最新公布的《学生资助资金管理办法》第 5 条的规定：对应征入伍服义务兵役、招收为士官、退役后复学或入学的高等学校学生实行学费补偿、国家助学贷款代偿、学费减免。学费补偿或国家助学贷款代偿金额，按学生实际缴纳的学费或用于学费的国家助学贷款（包括本金及其全部偿还之前产生的利息，下同）两者金额较高者执行；复学或新生入学后学费减免金额，按高等学校实际收取学费金额执行。学费补偿、国家助学贷款代偿以及学费减免的标准，本专科生每生每年最高不超过 12000 元，研究生每生每年最高不超过 16000 元。超出标准部分不予补偿、代偿或减免。

[单列计划、单独招生]

单列计划即参加国家统一考试，招生计划单列。例如，《教育部关于进一步落实好退役士兵就读中等职业学校和高等学校相关政策的通知》规定，各省级教育行政部门指定的部分省属公办本科普通高校举办普通专科起点升本科教育，应采取计划单列、自愿报名、统一考试、单独录取的办法，面向本省（区、市）具有普通高职（专科）毕业学历的退役士兵招生，学生在校学习时间一般为2年；专科起点升本科教育招生计划在国家核定的各省（区、市）普通高校年度招生本科事业计划总规模内单列，一般不超过当年本省（区、市）具有普通高职（专科）毕业学历退役士兵人数的30%。教育部等部门印发的《高职扩招专项工作实施方案》也提出，针对退役军人等群体单列计划，扩大招生。

单独招生即单独考试、单独招录。例如，《关于促进新时代退役军人就业创业工作的意见》规定，鼓励各地将符合高考报名条件的退役军人纳入高等职业院校单独考试招生范围。

▶条文参见

《军队转业干部安置暂行办法》第49条；《学生资助资金管理办法》；《关于促进新时代退役军人就业创业工作的意见》；《关于进一步落实好退役士兵就读中等职业学校和高等学校相关政策的通知》

第三十五条　入学复学

现役军人入伍前已被普通高等学校录取或者是正在普通高等学校就学的学生，服现役期间保留入学资格或者学籍，退役后两年内允许入学或者复学，可以按照国家有关规定转入本校其他专业学习。达到报考研究生条件的，按照国家有关规定享受优惠政策。

▶理解与适用

［入学复学情形］

主要包括三个方面：一是服现役期间保留入学资格或者学籍。二是退役后2年内允许入学或者复学。允许入学，是指入伍前是保留入学资格还不具有学籍的退役军人重新入学，复学是指入伍前已经取得学籍在学的退役军人恢复学业。三是可以按照国家有关规定转入本校其他专业学习。

［报考研究生优惠政策］

优惠政策主要包括：一是国家设立“退役大学生士兵”专项硕士研究生招生计划。根据实际需求，每年安排一定数量专项计划，专门面向退役大学生士兵招生。二是将高校在校生(含高校新生）服兵役情况纳入推免生遴选指标体系，鼓励开展推荐优秀应届本科毕业生免试攻读研究生工作的高校在制定本校推免生遴选办法时，结合本校具体情况，将在校期间服兵役情况纳入推免生遴选指标体系。三是在部队荣立二等功及以上的退役人员，符合研究生报名条件的可免试（指初试）攻读硕士研究生。应征入伍服义务兵役退役，在完成本科学业后3年内参加全国硕士研究生招生考试，初试总分加10分，同等条件下优先录取。

▶条文参见

《关于进一步落实好退役士兵就读中等职业学校和高等学校相关政策的通知》

第三十六条 职业技能培训

国家依托和支持普通高等学校、职业院校（含技工院校）、专业培训机构等教育资源，为退役军人提供职业技能培训。退役军人未达到法定退休年龄需要就业创业的，可以享受职业技能培训补贴等相应扶持政策。

军人退出现役，安置地人民政府应当根据就业需求组织其免费参加职业教育、技能培训，经考试考核合格的，发给相应的学历证书、职业资格证书或者职业技能等级证书并推荐就业。

▶**理解与适用**

[培训内容]

重点开展以下职业技能培训：一是抓好高中以下文化层次退役军人就业能力提升培训。加强职业能力、通用职业素质和求职能力等综合性培训，将职业道德、职业规范、工匠精神、质量意识、法律意识和相关法律法规、安全环保和健康卫生、就业指导等内容贯穿职业技能培训全过程。二是加大中高级技能培训和新产业技能培训比例。对具有一定职业技能基础的退役军人，对照适合退役军人就业的职业目录，围绕先进制造业、战略性新兴产业、现代服务业，针对性开展就业市场潜力大、“含金量”高的新职业和新技能培训。鼓励具备条件的退役军人接受高级工、技师、高级技师培训，支持他们到高技能人才培训基地、技能大师工作室参加技能提升培训。三是积极开展创业指导培训。对有创业意愿的退役军人，紧紧围绕服务乡村振兴、推进产业升级和打造“双创升级版”国家战略，重点跟进开展经营管理、品牌建设、市场拓展、风险防控以及产业政策培训。

[职业技能培训补贴等扶持]

退役军人参加职业技能培训，可选择接受一次免费职业技能培训（免学杂费、免住宿费、免技能鉴定费），培训期间享受生活补助。教育培训期限一般为 2 年，最短不少于 3 个月。此外，退役军人也可申请参加当地职业技能提升行动计划等其他补贴培训项目，享受相应培训优惠。

[安置地人民政府职责]

安置地人民政府重点做好有关组织工作，主要包括：一是根据就业需求组织退役军人免费参加职业教育、技能培训。二是经考试考核合格的，发给相应的学历证书、职业资格证书或者职业技能等级证书。三是推荐就业。

▶**条文参见**

《关于促进新时代退役军人就业创业工作的意见》；《关于

自主择业的军队转业干部安置管理若干问题的意见》

第三十七条 培训机构管理

省级人民政府退役军人工作主管部门会同有关部门加强动态管理，定期对为退役军人提供职业技能培训的普通高等学校、职业院校（含技工院校）、专业培训机构的培训质量进行检查和考核，提高职业技能培训质量和水平。

▶理解与适用

［管理主体］

国务院退役军人工作主管部门负责全国退役军人就业创业培训管理工作的政策制定、业务指导，各省、市级退役军人工作主管部门负责统筹本省、市退役军人培训机构确定和评估管理工作，县级退役军人工作主管部门开展相关工作。全国建立了退役军人事务、教育、财政、人力资源和社会保障等部门共同参与的教育培训工作机制，指导各地建立退役士兵教育培训目标考核体系和教育培训机构年检制度。

［管理对象］

管理对象包括为退役军人提供职业技能培训的普通高等院校、职业院校、技工院校、公办和民办培训机构、企业实训基地、创业孵化基地、职工培训中心等多种类型机构。

［管理内容］

主要是定期对为退役军人提供职业技能培训的普通高等学校、职业院校（含技工院校）、专业培训机构的培训质量进行检查和考核。加强教育培训质量的过程管理和结果考核，以学员获取职业资格证书、毕业证书（培训合格证书）和就业效果为考核的主要内容。

▶条文参见

《关于促进新时代退役军人就业创业工作的意见》；《关于

加强退役士兵职业教育和技能培训工作的通知》；《关于加强和改进退役士兵教育培训工作的通知》

第五章　就业创业

第三十八条　扶持方式

国家采取政府推动、市场引导、社会支持相结合的方式，鼓励和扶持退役军人就业创业。

▶理解与适用

扶持退役军人就业创业，是解决退役军人安置的主要渠道。国家对退役军人就业创业的扶持既体现了政府和社会对退役军人的关爱优待，又符合社会主义市场经济体制对劳动力资源配置的要求，具体包括：一是政府推动。政府在扶持退役军人就业创业方面积极发挥作用，在政策扶持、公共服务、宣传引导、组织协调等方面担负起职责。政府要广泛调动社会资源、引导市场积极吸纳，支持退役军人就业，扶持退役军人创业，同时通过督促落实促进退役军人就业创业各项优惠举措，引导退役军人自主就业创业。二是市场引导。发挥市场在资源配置中的决定性作用，根据市场需求，提高就业创业服务的针对性、实效性。三是社会支持。退役军人就业创业工作是一项系统工程，是全社会的共同责任，要调动政府、市场、社会各方面力量共同推进。

▶条文参见

《军队转业干部安置暂行办法》第 4 条；《退役军人安置条例》第 66 条；《关于促进新时代退役军人就业创业工作的意见》

第三十九条 政府职责

各级人民政府应当加强对退役军人就业创业的指导和服务。

县级以上地方人民政府退役军人工作主管部门应当加强对退役军人就业创业的宣传、组织、协调等工作，会同有关部门采取退役军人专场招聘会等形式，开展就业推荐、职业指导，帮助退役军人就业。

▶理解与适用

［就业创业指导服务］

各级人民政府组织退役军人专场招聘活动，为退役军人搭建就业平台，提供政策咨询、发布就业信息、组织人才交流、开展就业创业培训、制定和落实有关优惠措施，指导教育培训机构积极与各类企业等用人单位建立密切联系，建立完善校企合作培养机制。

［退役军人工作主管部门职责］

主要包括：一是宣传、组织和协调。向用人单位展示退役军人的专业专长和优秀品质，提高退役军人的社会认可度、知名度。会同人力资源和社会保障、税务、市场监管等有关部门为退役军人就业创业提供便利条件。二是多种形式推荐就业。通过集中宣传、定点宣传等方式，宣传退役军人就业创业优惠政策。加强退役军人的适应性培训，开展择业指导、就业推荐，组织专场招聘会，拓宽退役军人就业渠道。对有就业创业需求的，及时推荐适合就业岗位、提供创业扶持；对出现下岗失业的，及时纳入再就业帮扶范围。

▶条文参见

《军队转业干部安置暂行办法》第 24 条、第 31 条；《退役军人安置条例》第 67 条；《高职扩招专项工作实施方案》；《关于促进新时代退役军人就业创业工作的意见》；《关于加强和改进退役士兵教育培训工作的通知》；《关于加强退役士兵职业教育和技能培训工作的通知》

第四十条 残疾退役军人就业保障

服现役期间因战、因公、因病致残被评定残疾等级和退役后补评或者重新评定残疾等级的残疾退役军人，有劳动能力和就业意愿的，优先享受国家规定的残疾人就业优惠政策。

▶理解与适用

［保障对象］

残疾退役军人包括服现役期间因战、因公、因病致残被评定残疾等级的退役军人，以及退役后补评或者重新评定残疾等级的残疾退役军人。残疾的等级，根据劳动功能障碍程度和生活自理障碍程度确定，由重到轻分为1级至10级。

［保障形式］

有劳动能力和就业意愿的残疾退役军人，优先享受以下残疾人就业优惠政策：一是按规定比例安排残疾人就业。“规定比例”是指用人单位安排残疾人就业的最低比例不得低于本单位在职职工总数的1.5%。二是稳定发展残疾人集中就业。例如，福利企业、盲人按摩机构和残疾人辅助性就业机构等残疾人集中就业单位参照社会福利机构享受城市建设与公用事业收费优惠。三是多渠道扶持残疾人自主创业和灵活就业。比如，对符合条件的自主创业、灵活就业残疾人，按规定给予税费减免和社会保险补贴，帮助安排经营场所、提供启动资金支持。四是大力发展残疾人辅助性就业和多种形式就业。比如，政府开发的公益性岗位优先安排符合就业困难人员条件的残疾人。

▶条文参见

《军人抚恤优待条例》；《残疾人就业条例》

第四十一条 就业创业服务

公共人力资源服务机构应当免费为退役军人提供职业介绍、创业指导等服务。

国家鼓励经营性人力资源服务机构和社会组织为退役军人就业创业提供免费或者优惠服务。

退役军人未能及时就业的，在人力资源和社会保障部门办理求职登记后，可以按照规定享受失业保险待遇。

▶理解与适用

［免费就业服务］

公共人力资源服务机构，是指县级以上人民政府设立的公共就业和人才服务机构，公共人力资源服务经费纳入政府预算，应当免费为退役军人提供就业创业指导服务，如应当免费为退役士兵提供档案管理、职业介绍和职业指导服务。

［优惠就业服务］

经营性人力资源服务机构，是指依法设立的从事人力资源服务经营活动的机构。县级以上人民政府退役军人工作主管部门应当鼓励利用非国有资产举办的各类人力资源服务机构为退役军人提供免费或优惠服务。鼓励人力资源服务机构搭建退役军人就业创业信息对接平台，帮助有需要的退役军人、优秀企业，精准、高效匹配退役军人人力资源。

［依法享受失业保险待遇］

实践中，部分军人退役后一段时间内找不到合适工作，或者灵活就业。将这部分退役后未能及时就业的退役军人纳入失业保险保障范围，允许其按照军龄年限享受失业保险待遇，确保退役军人获得失业保障。这部分退役军人在享受失业保险待遇的同时，也要积极主动地寻求再就业的机会，积极参与各种就业培训，不断提高自身素质，增强就业能力。

▶条文参见

《关于促进新时代退役军人就业创业工作的意见》

第四十二条　优先招录招聘

机关、群团组织、事业单位和国有企业在招录或者招聘人员时，对退役军人的年龄和学历条件可以适当放宽，同等条件下优先招录、招聘退役军人。退役的军士和义务兵服现役经历视为基层工作经历。

退役的军士和义务兵入伍前是机关、群团组织、事业单位或者国有企业人员的，退役后可以选择复职复工。

▶理解与适用

［适当放宽条件］

退役军人参加机关、群团组织、事业单位和国有企业招录招聘时享受就业优待的权益，即可以放宽年龄和学历条件，同等条件下优先招录、招聘。报考艰苦边远地区基层公务员的，还可以享受放宽招考专业限制、不限制工作年限工作经历、合理降低开考比例、单独划定笔试合格分数线等优待措施。

［服现役经历视为基层工作经历］

基层工作经历，指的是在基层和生产一线的工作经历，即在县级以下党政机关、国有企事业单位、村（社区）组织及其他经济组织、社会组织等工作的经历；在军队团和相当于团以下单位工作的经历，退役士兵在军队服现役的经历，可视为基层工作经历。军士和义务兵服现役不论在哪一级单位服役，都应当作为基层工作经历。

［复职复工］

退役的军士和义务兵入伍前是机关、群团组织、事业单位或者国有企业人员的，退役后可以选择复职复工，其工资、福利和其他待遇不得低于本单位同等条件人员的平均水平。

▶条文参见

《军队转业干部安置暂行办法》第 32 条；《退役军人安置条例》第 68 条、第 69 条；《关于促进新时代退役军人就业创业工作的意见》；《关于自主择业的军队转业干部安置管理若干问题的意见》

第四十三条　拓宽就业渠道

各地应当设置一定数量的基层公务员职位，面向服现役满五年的高校毕业生退役军人招考。

服现役满五年的高校毕业生退役军人可以报考面向服务基层项目人员定向考录的职位，同服务基层项目人员共享公务员定向考录计划。

各地应当注重从优秀退役军人中选聘党的基层组织、社区和村专职工作人员。

军队文职人员岗位、国防教育机构岗位等，应当优先选用符合条件的退役军人。

国家鼓励退役军人参加稳边固边等边疆建设工作。

▶理解与适用

[报考基层公务员]

各地应当设置一定数量的基层公务员职位，面向服现役满 5 年的高校毕业生退役军人招考；只有符合条件的退役军人可以报名，为退役军人通过考试成为公务员提供了更多机会。

[基层服务项目]

服现役满 5 年的高校毕业生退役军人可以报考面向服务基层项目人员定向考录的职位，同服务基层项目人员共享公务员定向考录计划，主要是指如大学生“村官”工作，“大学生志愿服务西部计划”“三支一扶计划”“农村义务教育阶段学校教师特设岗位计划”等。

[选聘基层干部]

各级党政机关在组织开展选调生工作时，按照对党忠诚、勇于担当、公道正派、锐意创新的标准，选拔政治素质好、业务能力强、群众威信高的优秀退役军人充实到党的基层组织、村居“两委”和退役军人服务中心（站），切实加强基层特别是乡村振兴骨干队伍建设。

[专门岗位优先选用]

军队非现役文职岗位、国防教育机构、革命纪念馆、革命烈士陵园等承担与国防和军队建设相关职能的岗位，适合退役军人发挥职业和专业优势，应当优先选用退役军人。

▶条文参见

《关于促进新时代退役军人就业创业工作的意见》

第四十四条　工龄累计

退役军人服现役年限计算为工龄，退役后与所在单位工作年限累计计算。

▶理解与适用

工龄，是指劳动者以工资收入为生活全部或主要来源的工作时间。机关、团体、企事业单位在确定职工的工资、生活、福利待遇时，往往以其工龄作为标准。为保障退役军人的权益，要求所有机关、团体、企业事业单位等在计算工龄时，要将退役军人的服役期限计算为工龄，与其在本单位的工作年限累计计算。

▶条文参见

《军队转业干部安置暂行办法》第 37 条；《退役军人安置条例》第 74 条

第四十五条 创业优惠

县级以上地方人民政府投资建设或者与社会共建的创业孵化基地和创业园区，应当优先为退役军人创业提供服务。有条件的地区可以建立退役军人创业孵化基地和创业园区，为退役军人提供经营场地、投资融资等方面的优惠服务。

▶理解与适用

县级以上人民政府退役军人工作主管部门应当组织有创业意愿的退役军人，依托专业培训机构和大学科技园、众创空间、网络平台等，开展创业意识教育、创业项目指导、企业经营管理等培训，增强创业信心，提升创业能力。由地方人民政府投资或社会共建的创业孵化基地和创业园区应当优先为退役军人创业提供服务，有条件的地区可专门建立退役军人创业孵化基地和创业园区，并按规定落实经营场地、水电减免、投资融资、人力资源、宣传推广等优惠服务。

▶条文参见

《关于促进新时代退役军人就业创业工作的意见》

第四十六条 融资税收优惠

退役军人创办小微企业，可以按照国家有关规定申请创业担保贷款，并享受贷款贴息等融资优惠政策。

退役军人从事个体经营，依法享受税收优惠政策。

▶理解与适用

［融资优惠］

创业担保贷款是指以具备规定条件的创业者个人或小微企业为借款人，由创业担保贷款担保基金提供担保，由经办此项贷款的银行业金融机构发放，由财政部门给予贴息，用于支持个人创业或小微企业扩大就业的贷款业务。国家设立普惠金融发展专项资金，作为用于支持普惠金融发展的专项转移支付资金，支持政策包括创业担保贷款贴息及奖补。符合条件的退役军人可申请财政贴息支持。专项资金贴息的个人创业担保贷款，最高贷款额度为15万元，贷款期限最长不超过3年，贷款利率可在贷款合同签订日贷款基础利率的基础上上浮一定幅度。

[税收优惠]

自主就业退役士兵从事个体经营的，自办理个体工商户登记当月起，在3年（36个月）内按每户每年12000元为限额依次扣减其当年实际应缴纳的增值税、城市维护建设税、教育费附加、地方教育附加和个人所得税。限额标准最高可上浮20%，各省、自治区、直辖市人民政府可根据本地区实际情况在此幅度内确定具体限额标准。此外，实践中一些地方对退役军人创业采取创业补贴等扶持政策，例如，安徽规定，退役2年以内的自主就业退役军人首次创办小微企业且正常经营6个月以上的，给予5000元一次性创业补贴。

▶条文参见

《军队转业干部安置暂行办法》第33条；《军人抚恤优待条例》第54条；《关于促进新时代退役军人就业创业工作的意见》；《关于加强和改进退役士兵教育培训工作的通知》；《普惠金融发展专项资金管理办法》

第四十七条　用人单位优惠

用人单位招用退役军人符合国家规定的，依法享受税收优惠等政策。

▶理解与适用

[税收优惠]

为安置自主择业的军队转业干部就业而新开办的企业，凡安置自主择业的军队转业干部占企业总人数60%（含60%）以上的，自领取税务登记证之日起，3年内免征营业税（营改增后提供应税服务的免征增值税）。企业招用自主就业退役士兵，与其签订1年以上期限劳动合同并依法缴纳社会保险费的，自签订劳动合同并缴纳社会保险当月起，在3年内按实际招用人数予以定额依次扣减增值税、城市维护建设税、教育费附加、地方教育附加和企业所得税优惠。

［融资优惠］

根据财政部《“六保”财政政策措施问答》，小微企业当年新招用符合创业担保贷款申请条件（包括退役军人）的人数达到企业现有在职职工人数20%（超过100人的企业达到10%），并与其签订1年以上劳动合同的，可以按照规定申请财政贴息支持。

［补贴奖励］

一些地方出台的政策中有给予补贴或奖励的内容。例如，山东省规定，对初创小微企业吸纳退役军人（不含创业者本人）就业，并与退役军人签订1年以上期限劳动合同、依法缴纳社会保险费满1年的，每吸纳1名退役军人就业，给予3000元一次性奖励。对退役军人创办的初创小微企业，满足上述条件，每吸纳1名退役军人就业，给予5000元一次性奖励。

▶条文参见

《退役军人安置条例》第68条；《关于促进新时代退役军人就业创业工作的意见》；《关于自主择业的军队转业干部安置管理若干问题的意见》

第六章 抚恤优待

第四十八条 优待原则

各级人民政府应当坚持普惠与优待叠加的原则，在保障退役军人享受普惠性政策和公共服务基础上，结合服现役期间所做贡献和各地实际情况给予优待。

对参战退役军人，应当提高优待标准。

▶理解与适用

［普惠与优待叠加］

普惠与优待叠加原则，主要包括三层含义：一是退役军人作为普通公民，依法享受国家向人民群众普遍提供的公共服务。二是退役军人因其退役身份属性，依法在享受公共服务的基础上，可叠加享受国家对退役军人提供的普惠优待政策。三是在退役军人优待政策中，有的是针对所有退役军人提供的普遍优待，有的是针对做出特殊贡献的退役军人进一步提供的特殊优待，比如本法提出参战退役军人特别优待机制。

［参战退役军人特别优待］

参战退役军人在服役期间不畏牺牲、浴血奋战、奋勇杀敌，做出了突出贡献，应该给予更充分的、彰显激励的优待。针对这部分退役军人，应当提高优待标准。有关部门和地方应当在实践中结合优待措施类型和实际情况等因素具体确定，确保该规定得到切实有效的执行，凸显对参战退役军人的高标准优待。

第四十九条 量化标准体系

国家逐步消除退役军人抚恤优待制度城乡差异、缩小地区差异，建立统筹平衡的抚恤优待量化标准体系。

▶理解与适用

［消减差异］

近年来，中央财政连续提高部分退役军人抚恤补助标准，保障他们的生活水平与经济社会发展水平相适应，由于城乡、地区间经济发展水平客观上存在差异，各地政府对抚恤优待对象规定的补助对象和补助标准不同，退役军人抚恤优待也相应存在城乡差异和地区差异。本条规定，旨在打破以户籍身份和有无生活来源等为主要参考的优抚制度体系，消除或缩小城乡、地区间的优抚差异。

［量化标准］

为建立统筹平衡的抚恤优待量化标准体系，国家将统筹考虑经济社会发展情况，参考统计部门发布的相关指标，逐步构建贡献与待遇相匹配，与国家和军队建设改革相协调，与国民经济发展和对象需求相适应，能够体现贡献、公平规范、统筹平衡、动态完善的抚恤优待量化标准体系。

第五十条 社会保险

退役军人依法参加养老、医疗、工伤、失业、生育等社会保险，并享受相应待遇。

退役军人服现役年限与入伍前、退役后参加职工基本养老保险、职工基本医疗保险、失业保险的缴费年限依法合并计算。

▶理解与适用

［参加社会保险］

目前的社会保险包括以下几种类型：一是基本养老保险，主要包括机关事业单位养老保险、职工基本养老保险和城乡居民基本养老保险，为达到退休条件退出劳动领域的参保人员提供保障。二是基本医疗保险，包括职工基本医疗保险和城乡居民基本医疗保险。三是失业保险，保障失业人员的基本生活，维持劳动力再生产，为重新就业创造条件。四是工伤保险，在劳动者因工作原因遭受意外伤害或者职业病而造成死亡、暂时或者永久失去劳动能力时，给予相关待遇保障的社会保险制度。五是生育保险，是在怀孕和分娩的妇女劳动者暂时中断劳动时，由国家和社会提供医疗服务、生育津贴等保障的一种社会保险制度。不同类型的社会保险，参加主体、缴费方式和享受待遇的条件也不同，退役军人根据法律法规等规定，参加社会保险并享受相关待遇。

[缴费年限计算]

缴费年限的长短直接关系参保人的经济利益。本条规定退役军人服现役年限与入伍前、退役后参加职工基本养老保险、职工基本医疗保险、失业保险的缴费年限依法依规合并计算，最大限度保证了退役军人能够享受安置地与其同工龄人员相应的社会保险待遇。工伤保险、生育保险相关待遇标准与缴费年限没有必然关系，军人退役后参加工伤保险、生育保险，不涉及相关缴费年限的合并计算问题，符合相关条件的，依法享受相关工伤保险、生育保险待遇。

▶条文参见

《中华人民共和国军人保险法》第 13 条至第 24 条；《军队转业干部安置暂行办法》第 51 条、第 52 条；《退役军人安置条例》第九章；《关于退役军人失业保险有关问题的通知》；《关于军人退役基本养老保险关系转移接续有关问题的通知》；《关于城镇企业职工基本养老保险关系转移接续若干问题的通知》

第五十一条　住房优待

退役军人符合安置住房优待条件的，实行市场购买与军地集中统建相结合，由安置地人民政府统筹规划、科学实施。

▶理解与适用

在住房方面，适应国家住房保障制度改革发展要求，逐步完善优抚对象住房优待办法，改善优抚对象基本住房条件。比如，符合当地住房保障条件的优抚对象，在公租房保障中优先予以解决。对符合条件并享受国家定期抚恤补助的优抚对象租住公租房，可给予适当租金补助或者减免。对居住农村的符合条件的优抚对象，同等条件下优先纳入国家或地方实施的农村危房改造相关项目范围。退役军人享受安置住房优待，需要符合一定条件。为满足退役军人合理居住需求、保障其合理住房权益，国家对达到一定服役年限、职务职级和服役表现的退役军人，采取分级分类保障的办法，提供相应安置住房优待。

▶条文参见

《军人抚恤优待条例》第51条；《优抚对象住房优待办法》；《军队转业干部安置暂行办法》第50条；《关于加强军人军属、退役军人和其他优抚对象优待工作的意见》

第五十二条 医疗优待

军队医疗机构、公立医疗机构应当为退役军人就医提供优待服务，并对参战退役军人、残疾退役军人给予优惠。

▶理解与适用

［提供主体］

国务院卫生行政部门负责全国医疗机构的监督管理工作。县级以上地方人民政府卫生行政部门负责本行政区域内医疗机构的监督管理工作。中国人民解放军卫生主管部门依照有关规定，对军队的医疗机构实施监督管理。本条规定“应当”提供优待服务，义务主体是军队医疗机构、公立医疗机构。军队医疗机构、公立医疗机构以外的医疗机构也可以为退役军人提供优待或优惠服务。

［医疗优待服务］

各地按照保证质量、方便就医的原则，明确本地区医疗优待定点服务机构，为残疾军人，烈属、因公牺牲军人遗属、病故军人遗属，现役军人家属、老复员军人、参战参试退役军人、带病回乡退伍军人开通优先窗口，提供普通门诊优先挂号、取药、缴费、检查、住院服务。各级各类地方医疗机构优先为伤病残、老龄优抚对象提供家庭医生签约和健康教育、慢性病管理等基本公共卫生服务。

[参战和残疾退役军人医疗优惠]

国家组织优抚医院为残疾军人、“三属”、现役军人家属、老复员军人、参战参试退役军人、带病回乡退役军人优惠体检，提供免收普通门诊挂号费等服务。相关部门和相关医疗机构应当及时完善相关制度、采取具体措施，确保本条规定的措施落到实处。

▶条文参见

《军人抚恤优待条例》第44条；《关于加强军人军属、退役军人和其他优抚对象优待工作的意见》

第五十三条　公共交通、文化和旅游优待

退役军人凭退役军人优待证等有效证件享受公共交通、文化和旅游等优待，具体办法由省级人民政府制定。

▶理解与适用

[优待凭证]

优待证是持证人彰显荣誉的载体、享受优待的凭证。准确识别退役军人身份，是交通运输、文化和旅游等公共服务行业和场所给予退役军人优惠待遇的前提和基础。除优待证外，退役军人也可通过出示退伍证、转业证、军官退休证、文职干部退休证、退休士官证等能够证明其退役军人身份的有效证件，残疾退役军人还可出示残疾军人证，作为享受各项优待措施的证明。

[优待内容]

有关法律法规对现役军人、残疾军人在公共交通出行以及游览公园、博物馆、展览馆、名胜古迹等方面的优待措施作了

明确规定，但对退役军人在公共交通、文化和旅游等方面的优待措施未作全面、具体规定，各地实际做法也不一致。考虑到公共交通、文化和旅游的经费主要是由各地城市政府承担，需要各地综合考虑自身财力等情况逐步推进，并需要在一定范围内做好统筹协调。本法规定，退役军人凭退役军人优待证等有效证件享受公共交通、文化和旅游等优待，具体办法由省级人民政府制定。

▶条文参见

《军人抚恤优待条例》第36条、第52条、第53条；《全国双拥模范城（县）考评标准》；《退役军人、其他优抚对象优待证管理办法（试行）》

第五十四条　养老优待

县级以上人民政府加强优抚医院、光荣院建设，充分利用现有医疗和养老服务资源，收治或者集中供养孤老、生活不能自理的退役军人。

各类社会福利机构应当优先接收老年退役军人和残疾退役军人。

▶理解与适用

［优抚医院和光荣院］

“优抚医院”是国家为残疾军人和在服役期间患严重慢性病、精神疾病的复员退伍军人等优抚对象提供医疗和供养服务的优抚事业单位，包括荣誉军人康复医院、复员退伍军人慢性病医院、复员退伍军人精神病医院和综合性优抚医院。优抚医院应当为在院优抚对象提供良好的医疗服务和生活保障，主要包括：（1）健康检查；（2）疾病诊断、治疗和护理；（3）康复训练；（4）健康指导；（5）精神慰藉；（6）生活必需品供给；（7）生活照料；（8）文体活动。

“光荣院”是国家集中供养孤老和生活不能自理的抚恤优

待对象，并对其实行特殊保障的优抚事业单位。光荣院应当为服务对象提供下列供养服务：（1）提供饮食；（2）提供生活必需品；（3）提供住房；（4）提供医疗、康复、护理、保健服务；（5）提供学习娱乐、精神关怀服务；（6）提供清洁卫生、安全保卫服务；（7）提供心理抚慰等社会工作服务；（8）其他服务。

［利用现有资源］

县级以上人民政府还可充分利用本地区医疗优待定点服务机构等，为孤老、生活不能自理退役军人提供收治优待；充分发挥公办养老机构和公建民营养老机构的兜底保障作用，为符合条件的退役军人提供供养、护理服务等。

［各类社会福利机构义务］

社会福利机构是指国家、社会组织和个人举办的，为老年人、残疾人、孤儿和弃婴提供养护、康复、托管等的服务机构。为切实加强对孤老、生活不能自理退役军人的医疗和养老保障，除充分发挥优抚医院、光荣院重要作用外，还应广泛调动和利用其他医疗和养老服务资源来对孤老、生活不能自理的退役军人进行收治和集中供养。因此，本法规定各类社会福利机构应当优先接收老年退役军人和残疾退役军人。

▶条文参见

《军人抚恤优待条例》第41条；《优抚医院管理办法》第1条至第5条；《光荣院管理办法》第1条至第4条、第7条；《优抚对象住房优待办法》

第五十五条　帮扶援助

国家建立退役军人帮扶援助机制，在养老、医疗、住房等方面，对生活困难的退役军人按照国家有关规定给予帮扶援助。

▶理解与适用

［帮扶援助对象］

因5种情形导致生活陷入困境的退役军人，可根据困难程度和现实表现申请帮扶援助，具体包括：(1) 因服役期间致残或因患有严重疾病等原因造成退役后本人就业困难，医疗和康复等必需支出突然增加超出家庭承受能力，导致生活出现严重困难的；(2) 因服役时间长、市场就业能力弱等原因造成长期失业或突然下岗，导致生活出现严重困难的；(3) 因旧伤复发、残情病情加重等原因，导致生活出现严重困难的；(4) 因火灾水灾、交通事故、重大疾病、人身伤害、见义勇为等突发事件，导致生活出现严重困难的；(5) 遭遇其他特殊情况导致生活出现严重困难的。

▶条文参见

《军人抚恤优待条例》第21条、第31条、第38条、第44条；《优抚对象住房优待办法》；《关于加强困难退役军人帮扶援助工作的意见》

第五十六条 残疾抚恤

残疾退役军人依法享受抚恤。

残疾退役军人按照残疾等级享受残疾抚恤金，标准由国务院退役军人工作主管部门会同国务院财政部门综合考虑国家经济社会发展水平、消费物价水平、全国城镇单位就业人员工资水平、国家财力情况等因素确定。残疾抚恤金由县级人民政府退役军人工作主管部门发放。

▶理解与适用

［残疾退役军人］

残疾退役军人包括三类：因战致残退役军人、因公致残退役军人、因病致残退役军人。残疾的等级，根据劳动功能障碍程度和生活自理障碍程度确定，由重到轻分为1级至10级。因战、因公致残，残疾等级被评定为1级至10级的，享受抚恤；因病致残，残疾等级被评定为1级至6级的，享受抚恤。退出现役的残疾军人，按照残疾等级享受残疾抚恤金。

［残疾抚恤金标准确定原则］

确定残疾抚恤金标准的原则要求和需要考虑的因素：一是抚恤金标准由国务院退役军人工作主管部门会同国务院财政部门确定。二是需要在综合考虑各项因素的基础上予以科学确定。这些因素主要包括：(1) 国家经济社会发展水平；(2) 消费物价水平；(3) 全国城镇单位就业人员工资水平；(4) 国家财力情况。三是确定的抚恤金标准应随着上述因素的变动适时予以调整。

［抚恤待遇］

残疾抚恤金由县级人民政府退役军人工作主管部门发放。有关抚恤待遇主要包括：一是残疾退役军人不论在职在乡、有无工作单位以及生活是否困难，均享受残疾抚恤金。二是因战、因公致残的残疾退役军人因旧伤复发死亡的，由县级人民政府退役军人工作主管部门按照因公牺牲军人的抚恤金标准发给其遗属一次性抚恤金，其遗属享受因公牺牲军人遗属抚恤待遇。因战、因公、因病致残的残疾退役军人因病死亡的，对其遗属增发12个月的残疾抚恤金，作为丧葬补助费；其中，因战、因公致残的1级至4级残疾退役军人因病死亡的，其遗属享受病故军人遗属抚恤待遇。三是1级至4级残疾退役军人，由国家供养终身；其中，对需要常年医疗或者独身一人不便分散安置的，经省级人民政府退役军人工作主管部门批准，可以集中供养。对分散安置的1级至4级残疾退役军人发给护理费。

▶条文参见

《军人抚恤优待条例》第29条至第35条；《伤残抚恤管理办法》第2条、第20条、第23条

第七章 褒扬激励

第五十七条 荣誉激励机制

国家建立退役军人荣誉激励机制，对在社会主义现代化建设中做出突出贡献的退役军人予以表彰、奖励。退役军人服现役期间获得表彰、奖励的，退役后按照国家有关规定享受相应待遇。

▶理解与适用

[荣誉激励机制]

对退役军人进行精神激励、慰问，不仅能够增强退役军人的荣誉感和获得感，充分调动退役军人继续为社会主义现代化建设贡献力量的积极性，也能在社会上营造出崇军、拥军、爱军的良好氛围，真正使军人成为全社会尊崇的职业。2020 年 1 月，中共中央组织部、人力资源和社会保障部、退役军人事务部、中央军委政治工作部等军地相关部门联合印发《退役军人事务工作表彰奖励办法》，其中将“全国模范退役军人”“先进军休干部”作为常设项目，并明确表彰周期为 5 年。同时，对表彰奖励的范围名额、表彰方式、任务分工、表彰程序、表彰监督等进行了系统规范。2020 年 1 月，《关于加强军人军属、退役军人和其他优抚对象优待工作的意见》提出，要着眼建立健全优抚对象荣誉体系，进一步强化精神褒扬和荣誉激励。

[立功受奖]

立功受奖是军人荣誉体系的重要组成部分，是评判广大军人政治思想、军事素质、日常表现、个人能力等综合素质的重要指标，主要包括嘉奖、三等功、二等功、一等功和荣誉称号五种类型。保障获得表彰和奖励的军人在退役后享受相应待遇是加强优抚工作的重要内容。

▶条文参见

《退役军人事务工作表彰奖励办法》；《双拥模范城（县）创建命名管理办法》；《全国双拥模范城（县）考评标准》

第五十八条　迎接仪式

退役军人安置地人民政府在接收退役军人时，应当举行迎接仪式。迎接仪式由安置地人民政府退役军人工作主管部门负责实施。

▶理解与适用

［迎接仪式］

军人退出现役时面临着身份的转换并不断地适应新的身份，举行迎接仪式，是军人身份转变的一种过渡仪式。常态化的过渡仪式，是对身份转换、角色转变的公开确认，能更好地帮助军人适应新的身份。在安置地为退役军人举行迎接仪式，能够使退役军人感受到当地人民的热情，能够增强退役军人的荣誉感、归属感、幸福感，有利于退役军人继续保持军人本色，更加积极地投身当地建设，为地方经济社会发展做出贡献。

［实施部门］

迎接仪式由安置地人民政府退役军人工作主管部门负责实施。实践中，有的地方将迎接仪式和适应性培训、就业创业培训、专场招聘等内容有机整合，引导退役军人尽快适应退役生活；搭建就业创业和教育培训平台帮助退役军人合理规划工作生活，掌握就业创业知识等。

▶条文参见

《关于加强军人军属、退役军人和其他优抚对象优待工作的意见》

第五十九条 光荣牌

地方人民政府应当为退役军人家庭悬挂光荣牌，定期开展走访慰问活动。

▶理解与适用

［悬挂光荣牌］

光荣牌的悬挂对象是烈士遗属、因公牺牲军人遗属、病故军人遗属家庭和中国人民解放军现役军人家庭、退役军人家庭。光荣牌称号统一为“光荣之家”。省级人民政府退役军人事务主管部门负责本省份光荣牌的统一制作。县级人民政府退役军人事务主管部门会同当地人民武装部门组织落实本行政区域内光荣牌的具体悬挂工作。

［定期走访慰问］

走访慰问一般采取召开慰问大会、座谈会、茶话会、登门看望、发放慰问金（品）等多种形式进行。拥军优属走访慰问以精神抚慰为主，物质慰问为辅。各地区应结合悬挂光荣牌工作和本地实际，视情开展送年画春联、走访慰问等活动，发挥自身的能动性和创造性，尽力而为、量力而行，做好对退役军人的走访慰问工作。

▶条文参见

《为烈属、军属和退役军人等家庭悬挂光荣牌工作实施办法》；《光荣牌悬挂服务管理工作规定（试行）》

第六十条 参加庆典

国家、地方和军队举行重大庆典活动时，应当邀请退役军人代表参加。

被邀请的退役军人参加重大庆典活动时，可以穿着退役时的制式服装，佩戴服现役期间和退役后荣获的勋章、奖章、纪念章等徽章。

▶理解与适用

[庆典活动]

国家重大庆典活动包括：党中央、国务院、中央军委组织的建党、建军、国庆和纪念抗日战争胜利等重大纪念、庆典活动；党和国家相关部门开展的面向退役军人的表彰奖励、典型宣传活动等。地方重大庆典活动包括：县级以上党委和政府开展的面向退役军人的表彰奖励、典型宣传活动；县级以上党委和政府为纪念重大历史事件、重要历史人物，国家法定节日、纪念日等举行的庆典、集会活动；县级以上党委和政府组织或批准开展的国防教育、英烈祭扫纪念活动等。军队重大庆典活动包括：军队相关部门以及驻地军事机关开展的面向退役军人的表彰奖励、典型宣传活动；驻地军事机关为纪念重大历史事件、重要历史人物，国家法定节日、纪念日等举行的庆典、集会活动；驻地军事机关组织或批准开展的国防教育、英烈祭扫纪念活动等。这些庆典活动应当邀请退役军人代表参加。

[庆典着装]

应邀以退役军人身份参加大型活动时，按照活动组织单位要求，可着按军队规定个人留存的服役期间装备的制式服装、现工作岗位制式服装、正装（或少数民族盛装），在胸前适当位置佩戴服役期间和退出现役后荣获的勋章、奖章、纪念章等徽章。退役军人穿着军装应遵循统一的规范和要求，例如，退役军人着服役期间的军装时，应按规定配套穿着，不同制式、不同季节款式不得混穿；2 名以上退役军人同时参加活动时，军装的季节款式要保持一致等。

可以佩戴的勋章、奖章、纪念章包括：共和国勋章、七一勋章和八一勋章，党、国家、军队按规定设立的其他勋章；国家荣誉称号奖章和党中央、国务院、中央军委单独或者联合授予荣誉称号的奖章；党中央、国务院、中央军委单独或者联合颁发的国家级表彰奖励奖章；党中央、国务院、中央军委单独或者联合颁发的纪念章；中央军委授权的单位、中央军委机关部门授予的荣誉称号奖章，各地区各部门颁发的省部级表彰奖励奖章以及纪念章；在军队服役期间获得的一等功、二等功、三等功奖章和其他表彰奖励奖章、纪念章。

►条文参见

《应邀以退役军人身份参加大型活动着装办法（试行）》

第六十一条　参与爱国主义教育和国防教育

国家注重发挥退役军人在爱国主义教育和国防教育活动中的积极作用。机关、群团组织、企业事业单位和社会组织可以邀请退役军人协助开展爱国主义教育和国防教育。县级以上人民政府教育行政部门可以邀请退役军人参加学校国防教育培训，学校可以聘请退役军人参与学生军事训练。

►理解与适用

［协助开展教育］

机关、群团组织、企事业单位和社会组织都应当接受爱国主义教育，都有接受国防教育的权利和义务，同时，还承担着向社会开展爱国主义教育和国防教育的职责。国家机关、群团组织、企事业单位和社会组织等工作人员必须学习和掌握一定的国防知识，这是履职尽责的基本要求。邀请退役军人协助开展爱国主义教育和国防教育，充分发挥退役军人在爱国主义教育和社会国防教育中的作用，对于普及和加强爱国主义教育和国防教育，创新爱国主义教育和国防教育方式方法，提高全民爱国主义教育和国防教育整体水平具有示范引领作用。

［参加学校国防教育］

县级以上人民政府教育行政主管部门组织开展学校国防教育活动时，可以邀请退役军人参加，有利于推动国防教育进学校、进教案、进课堂、进学生头脑，夯实国防教育基础、提升学校国防教育质效。高等学校、高级中学和相当于高级中学的学校应当将课堂教学与军事训练相结合，对学生进行国防教育。军事机关应当协助学校组织学生的军事训练。考虑到军队承担的任务较重，本法规定学校可以聘请退役军人参与学生军事训练。

▶条文参见

《中华人民共和国国防教育法》第8条、第21条

第六十二条 典型宣传

县级以上人民政府退役军人工作主管部门应当加强对退役军人先进事迹的宣传，通过制作公益广告、创作主题文艺作品等方式，弘扬爱国主义精神、革命英雄主义精神和退役军人敬业奉献精神。

▶理解与适用

[先进事迹]

广大退役军人涌现出许多先进典型，例如，有的扎根基层，带领百姓脱贫致富；有的立足本职，勤勤恳恳，敬业奉献；有的勇于与违法犯罪行为作斗争，守护人民财产安全，不惜牺牲自己的生命。这些充分展现出了退役军人爱国主义精神、革命英雄主义精神和敬业奉献精神。

[宣传形式]

在宣传典型时，要灵活运用多种形式开展立体化宣传，在充分发挥报刊、电视、广播等传统媒体作用的基础上，广泛采用微博、微信、短视频平台等新兴媒体，还可以通过报告会、座谈会、演讲、征文以及文艺创作、文艺汇演等群众喜闻乐见的形式，讲好退役军人先进典型的故事，大力宣传他们的先进事迹，引导广大退役军人更好地继承弘扬人民军队优良传统，在全社会营造关心关爱退役军人的浓厚氛围。

▶条文参见

《关于加强军人军属、退役军人和其他优抚对象优待工作的意见》

第六十三条 编录地方志

县级以上地方人民政府负责地方志工作的机构应当将本行政区域内下列退役军人的名录和事迹，编辑录入地方志：

（一）参战退役军人；

（二）荣获二等功以上奖励的退役军人；

（三）获得省部级或者战区级以上表彰的退役军人；

（四）其他符合条件的退役军人。

▶理解与适用

[地方志]

地方志是全面系统地记述特定区域自然、政治、经济、文化和社会的历史与现状的大型资料性文献。收入地方志的应该是那些能反映当地真实情况，反映事物发展规律或者发展趋势，有时代特点，有借鉴作用、查考作用、教育作用和存史作用，经得起时间考验的材料，具体选材要观点正确、全面真实、详略得当，要有深度和教育启发意义。将优秀退役军人的名录和事迹，编辑录入地方志，能够充分体现对退役军人的尊重，能够宣传退役军人的先进事迹，从而进一步激发退役军人的荣誉感。

[编录范围]

主要包括：一是参战退役军人；二是荣获二等功以上奖励的退役军人；三是获得省部级或者战区级以上表彰的退役军人。考虑到实践发展的需要，赋予地方一定的主动权，地方可根据实际情况确定符合条件的标准和范围。

▶条文参见

《关于加强军人军属、退役军人和其他优抚对象优待工作的意见》

第六十四条　烈士纪念设施和军人公墓

国家统筹规划烈士纪念设施建设，通过组织开展英雄烈士祭扫纪念活动等多种形式，弘扬英雄烈士精神。退役军人工作主管部门负责烈士纪念设施的修缮、保护和管理。

国家推进军人公墓建设。符合条件的退役军人去世后，可以安葬在军人公墓。

▶理解与适用

[烈士纪念设施]

烈士纪念设施，是指在中华人民共和国国内为纪念缅怀英雄烈士专门修建的烈士陵园、烈士墓、烈士骨灰堂、烈士英名墙、纪念堂馆、纪念碑亭、纪念塔祠、纪念塑像、纪念广场等设施。国家对烈士纪念设施实行分级保护，根据其纪念意义、建设规模、保护状况可分别确定为国家级、省级、设区的市级、县级以及其他。

[主管部门]

国务院退役军人工作主管部门负责指导全国烈士纪念设施的保护管理工作，指导各级退役军人工作主管部门加强烈士纪念设施的规划建设、修缮保护、管理利用，组织实施提质改造工程，着力打造主题突出、导向鲜明、内涵丰富的精品陈列。县级以上烈士纪念设施由所在地人民政府负责保护管理，纳入当地国民经济和社会发展规划或者有关专项规划，所需经费列入当地财政预算。

[军人公墓]

军人公墓是指用于安葬符合条件的已故现役军人和退役军人骨灰或者遗体的公共服务设施。军人公墓作为为特定对象服务的公共服务设施，不仅应具备公墓的一般属性，而且应具备一些特殊属性：一是专属属性，军人公墓服务的主体是已故现役军人和退役军人；二是荣誉属性，推进军人公墓建设是构建军人荣誉激励机制的重要组成部分，是国家、社会和人民对军人牺牲奉献精神的褒扬；三是纪念宣教属性，军人公墓是一个向军人致敬和表达尊崇、敬仰和哀思的地方，也是开展爱国主义教育和国防教育的重要阵地。

▶条文参见

《关于加强军人军属、退役军人和其他优抚对象优待工作的意见》

第八章 服务管理

第六十五条 服务体系

国家加强退役军人服务机构建设，建立健全退役军人服务体系。县级以上人民政府设立退役军人服务中心，乡镇、街道、农村和城市社区设立退役军人服务站点，提升退役军人服务保障能力。

▶理解与适用

［服务体系］

国家建立健全退役军人服务体系，成立从国家到村6级退役军人服务中心（站）。县级以上各级政府建立退役军人服务中心，为公益一类事业单位，由同级退役军人工作主管部门管理，指导下级退役军人服务中心（站）业务。乡镇（街道）、村（社区）建立退役军人服务站，退役军人有30人及以上的单独建立服务站，退役军人少于30人的可不单独建立服务站但应明确专人负责。

［工作职责］

退役军人服务中心（站）主要承担全面做好就业创业扶持、优抚帮扶帮困、走访慰问、权益维护保障等退役军人事务领域服务性、保障性、事务性、延伸性工作，提供“一站式”“窗口式”，标准化、规范化的综合服务，提供精细化、精准化、个性化服务，建设“退役军人之家”，发挥好凝聚人心、增进认同、化解矛盾、促进和谐作用。

［场所经费］

乡镇（街道）级以上退役军人服务中心（站）要有专门的办公场所、专项工作经费、必要的办公设备等。各级退役军人服务中心应设置专门的办公和活动场所，规划建设服务大厅和办公区域，并设信访接待室；乡镇（街道）退役军人服务站应设置专门办公和活动场所，有条件的可设立退役军人信访接待室；村（社区）退役军人服务站可专门设立场所，或与村（社区）综合服务站等合署办公。

第六十六条 服务机构职责

退役军人服务中心、服务站点等退役军人服务机构应当加强与退役军人联系沟通，做好退役军人就业创业扶持、优抚帮扶、走访慰问、权益维护等服务保障工作。

▶理解与适用

［加强联系］

退役军人服务中心、服务站点及其工作人员应当通过以下方式加强与退役军人的联系沟通：一是应与一定数量的退役军人建立联系沟通，定期不定期地开展沟通联络、走访慰问、谈心谈话。二是及时向退役军人宣传党的路线、方针、政策，中央和地方有关退役军人的政策措施，确保联系对象掌握政策，了解自身合法权益，并自觉按政策规定办事。三是了解退役军人政策在联系对象身上的落实情况，对存在的矛盾问题及时摸清情况、找准症结、拿出对策，依法维护好联系对象的合法权益。四是准确掌握退役军人的思想状况，对现实思想问题较多、个人诉求较为强烈的，主动做好教育引导和疏解转化工作，促进思想稳定。五是关注联系对象家庭、工作、学习、生活等情况，详细掌握家庭和个人遇到的实际困难，尽心尽力排忧解难，不断提升他们的获得感、幸福感。

［重点工作］

主要包括：一是就业创业扶持。围绕退役军人就业创业需求，提供就业创业服务和政策咨询；协调落实就业创业优惠政策；加强与相关机构合作交流，提供就业创业指导和帮扶、项目推荐，承办退役军人和随军家属招聘会、推介会、就业创业论坛；协助开展职业教育和技能培训等。二是优抚帮扶。配合搭建困难退役军人军属帮扶援助平台，掌握生活存在特殊困难的退役军人基本情况，多渠道筹措资金，针对性做好帮扶援助工作。县级以下退役军人服务中心（站）重点要全面摸清、动态掌握生活存在特殊困难的退役军人基本情况，针对性、常态化开展精准帮扶援助工作。三是走访慰问。走访慰问是各级退役军人服务中心（站）常态化开展的工作，重点在县级以下服务中心（站），主要是做好送立功喜报、悬挂光荣牌，以及退役军人出现重大变故等情况时，开展走访慰问等具体事务性工作。四是权益维护。协助做好退役军人来访接待、来信办理、网上信访和电话信访，相关部门交办的信访事项；协助做好政策解答、困难帮扶、权益咨询、心理疏导、法律服务等工作。五是其他服务工作。协助做好退役军人行政关系、组织关系、供给关系转接和档案移交，推动将退役军人流动党员纳入党的基层组织，开展退役军人党员摸排登记等工作，配合做好教育管理服务。

第六十七条　思想政治工作

县级以上人民政府退役军人工作主管部门应当加强退役军人思想政治教育工作，及时掌握退役军人的思想情况和工作生活状况，指导接收安置单位和其他组织做好退役军人的思想政治工作和有关保障工作。

接收安置单位和其他组织应当结合退役军人工作和生活状况，做好退役军人思想政治工作和有关保障工作。

▶理解与适用

[主管部门职责]

退役军人工作主管部门应当在思想政治教育工作中发挥综合协调作用，建立健全党委统一领导、军地相关部门密切配合的工作机制，协同推进退役军人思想政治工作。通过定期走访慰问、主动联络沟通、组织座谈交流等方式，组织开展教育宣传，保持退役军人在思想上政治上的革命军人本色。定期了解本区域内退役军人的思想动态和工作生活状况，及时向接收安置单位和其他组织转达退役军人的相关意见建议，并从思想政治工作的宗旨目的、基本内容、形式方法等方面给予必要的指导。

[接收安置单位和其他组织职责]

接收安置单位作为退役军人的工作单位，应当在日常工作中，注重尊重和关爱退役军人，主动开展形式多样的思想政治教育活动。充分调动其他组织和社会力量的积极性、主动性，共同参与到退役军人思想政治工作中来。比如，鼓励行业协会商会、慈善组织、社会工作服务机构等社会组织通过帮助退役军人就业创业等方式关心关爱退役军人；组织各类新闻媒体，加大对优秀退役军人典型事迹的宣传力度；邀请优秀退役军人到学校、社区作专题报告等，进一步增强退役军人的荣誉感、使命感，牢记革命军人的本色和初心，同时在全社会营造拥军爱军、尊重退役军人的浓厚氛围。

第六十八条 保密教育管理

县级以上人民政府退役军人工作主管部门、接收安置单位和其他组织应当加强对退役军人的保密教育和管理。

▶**理解与适用**

［保密意识教育］

要教育引导广大退役军人从保密工作的历史和优良传统中提升党性修养，强化保密法律法规教育培训，让退役军人知晓保密的具体要求和违反有关规定可能造成的严重后果。

第六十九条　法律政策宣传

县级以上人民政府退役军人工作主管部门应当通过广播、电视、报刊、网络等多种渠道宣传与退役军人相关的法律法规和政策制度。

▶**理解与适用**

［宣传内容］

宣传解读好与退役军人息息相关的法律法规和政策制度，让广大退役军人吃透弄懂相关文件的精神，关乎广大退役军人的切身利益，也是开展退役军人保障工作的重要环节和关键要素。各级退役军人工作主管部门有必要以《退役军人保障法》的出台为契机，对照本法对现行有效的配套法规和政策文件按照适用对象、适用领域进行分类、梳理，并就广大退役军人普遍关心关注的问题，结合梳理后的有关条款规定，主动开展宣传工作，帮助他们全面、准确地理解相应的适用范围和适用标准。同时，对于后续出台的相关配套法规和政策制度，各级退役军人工作主管部门也应当高度重视宣传工作，推进退役军人保障政策制度的落地实施。

［宣传形式］

法律法规、政策制度出台后，各级退役军人工作主管部门应当积极联系当地的广播电视、报刊媒体，对有关政策文件的出台背景和条文内容进行报道，召开座谈会集中解读宣传。各地配套出台的实施办法和细则，可以通过印发宣传册、业务流程图等方式进行宣传，提高相关业务办理的效率和便捷性。此外，还可以通过开设公众号、微博等方式，通过漫画、短视频等形式，将相关条款规定以浅显易懂的形式表现，方便广大退役军人理解、掌握。

第七十条 权益保障

县级以上人民政府退役军人工作主管部门应当建立健全退役军人权益保障机制，畅通诉求表达渠道，为退役军人维护其合法权益提供支持和帮助。退役军人的合法权益受到侵害，应当依法解决。公共法律服务有关机构应当依法为退役军人提供法律援助等必要的帮助。

▶理解与适用

[权益保障机制]

作为广大退役军人服务管理、待遇保障的主管单位，县级以上退役军人工作主管部门，除做好职责范围内的保障工作外，应当加强与同级财政、教育、卫生、民政等部门的沟通协调，将本法规定的有关教育培训、就业创业、抚恤优待等方面的优惠政策落实到位；发挥政治和制度优势，强化部门联动、军地协同，通过开设投诉热线、投诉窗口等方式，确保退役军人的诉求表达渠道通畅，确保相关诉求及时受理和反馈。同时，积极代表退役军人与其他部门沟通诉求事项，促进矛盾就地化解、服务精准规范。

[依法解决]

退役军人的合法权益受法律的保护，当合法权益受到侵害，应当遵守法律法规的有关规定，通过合法的渠道依法解决。退役军人表达的诉求，应当是符合法律法规或者政策制度明确规定的，有关部门也应当严格按照相关法律法规或者政策制度作出处理，不得损害退役军人依法应当享有的权益。退役军人维权应当选择合法的渠道，遵守相关的程序性规定。

[法律援助等服务]

公共法律服务平台是以县（市、区）、乡镇（街道）为重点，通过整合资源，实现将各类别公共法律服务集中进驻，打造的综合性、一站式的服务型窗口，包括公共法律服务中心、公共法律服务中心工作站和公共法律服务中心工作室。退役军人作为公共法律服务的重点对象，公共法律服务平台除受理和审批退役军人的法律援助申请，指派法律援助人员承办法律援助案件外，还可以向退役军人提供法律咨询、专业调解，公证、司法鉴定等法律服务。

第七十一条 监督检查

县级以上人民政府退役军人工作主管部门应当依法指导、督促有关部门和单位做好退役安置、教育培训、就业创业、抚恤优待、褒扬激励、拥军优属等工作，监督检查退役军人保障相关法律法规和政策措施落实情况，推进解决退役军人保障工作中存在的问题。

▶理解与适用

［指导督促］

退役军人工作主管部门应当发挥牵头作用，指导、督促有关部门准确把握法律法规、政策制度的要求，在各自职责范围内推进涉及退役军人的有关工作；及时向接收安置退役军人的单位宣传最新的安置政策，协助提高安置的效率和质量，定期了解退役军人的工作情况，督促接收安置单位持续地重视和完善退役军人安置工作。

［监督落实］

监督检查落实情况的具体内容，则应包括相关部门是否切实履行了有关条款规定的工作职责，是否制定或出台了配套的实施办法或保障标准等。对于发现的问题和情况，应当及时向有关部门或上级退役军人工作主管部门反映。必要时，可以向社会公开监督检查的有关情况。各级退役军人工作主管部门可以通过走访调研、实地抽检、接受举报等方式获取线索，开展监督检查。

[推进问题解决]

各级退役军人工作主管部门要认真研究退役军人保障工作中出现的问题，尽可能地维护广大退役军人的合法利益。属于本部门职责范围内的，要依法妥善解决。超出本部门职责的，要积极与相关部门沟通协调，研究提出解决方案，推动问题尽快解决，同时向相关人员做好解释工作。

▶条文参见

《军队转业干部安置暂行办法》第62条

第七十二条　工作考核

国家实行退役军人保障工作责任制和考核评价制度。县级以上人民政府应当将退役军人保障工作完成情况，纳入对本级人民政府负责退役军人有关工作的部门及其负责人、下级人民政府及其负责人的考核评价内容。

对退役军人保障政策落实不到位、工作推进不力的地区和单位，由省级以上人民政府退役军人工作主管部门会同有关部门约谈该地区人民政府主要负责人或者该单位主要负责人。

▶理解与适用

[工作责任制]

退役军人保障工作责任制，就是明确各级政府及其部门和工作人员的任务和要求，按照职能任务和岗位职责，分门别类地将退役军人保障工作落实到岗，落实到人，确保事事有人管、出现问题能追责。其中包括：一是政府责任。各级政府对本地区退役军人工作承担全面的领导责任。二是部门责任。各级退役军人工作主管部门以及退役军人工作相关部门，应当在职能范围内充分发挥职能作用，推动党中央关于退役军人工作的决策部署落地落实，协调解决退役军人工作中存在的问题，指导下级部门做好退役军人工作。

[考核评价]

退役军人保障工作考核评价制度，是指上级政府对下级政府及其负责人，本级政府对有关部门及其负责人，通过评议、考核等方式，监督其落实所承担的退役军人保障工作职责的制度。实施考核评价的主体包括：一是上级人民政府，考核评价的对象是下一级人民政府；二是本级人民政府，考核评价的对象则是承担退役军人保障工作的各个部门，包括但不限于退役军人工作主管部门，还包括相关部门。

[约谈措施]

约谈，是指上级行政机关监督下级行政机关是否依法行使职权的一项监督制度，既是行政层级监督的重要表现形式，也是落实工作责任制的重要保障措施。内容主要包括三个方面：一是约谈情形。主要针对政策落实不到位、工作推进不力。二是约谈权限。属于省级以上人民政府退役军人工作主管部门会同有关部门。三是约谈对象。相关地区和单位的主要负责人。

▶条文参见

《军队转业干部安置暂行办法》第 61 条、第 63 条

第七十三条　社会监督

退役军人工作主管部门及其工作人员履行职责，应当自觉接受社会监督。

▶理解与适用

[社会监督]

社会监督区别于行政监督，一般是指公民、法人或其他社会组织对行政体制内的单位部门及其工作人员的监督。要加强对权力运行的制约和监督，让人民监督权力，让权力在阳光下

运行，把权力关进制度的笼子。

［监督内容］

社会监督的内容，应当是退役军人工作主管部门及其工作人员履行职责时的行为。主要包括：一是在制定相关制度措施时，要自觉接受社会监督。二是在开展服务管理等工作时，要自觉接受社会监督。三是服务管理工作的处理结果，要自觉接受社会监督。

第七十四条 检举控告

对退役军人保障工作中违反本法行为的检举、控告，有关机关和部门应当依法及时处理，并将处理结果告知检举人、控告人。

▶理解与适用

［检举控告］

检举，是指公民向有关国家机关和部门反映、揭露违法活动情况，提供有关违法事实证据的行为。控告，是指合法权益受到不法侵害的公民或组织，向有关机关和部门指控、告发、请求保护、要求惩处违法者的行为。

［接收处理］

我国依法负责接收、处理公民检举控告的机关和部门主要包括纪检监察机关、检察机关、公安机关、政府信访部门等。负责接收、处理检举控告的机关和部门，在收到检举、控告后，应当及时处理，并将处理结果告知检举人、控告人，不得敷衍塞责，不得将检举、控告材料转给被检举人或被控告人。对于不属于本机关或部门职责的检举控告，应该及时将材料移交有权查处的机关或部门处理，并将移交情况告知检举人和控告人。

第九章　法律责任

第七十五条　主管部门责任

退役军人工作主管部门及其工作人员有下列行为之一的，由其上级主管部门责令改正，对直接负责的主管人员和其他直接责任人员依法给予处分：

（一）未按照规定确定退役军人安置待遇的；

（二）在退役军人安置工作中出具虚假文件的；

（三）为不符合条件的人员发放退役军人优待证的；

（四）挪用、截留、私分退役军人保障工作经费的；

（五）违反规定确定抚恤优待对象、标准、数额或者给予退役军人相关待遇的；

（六）在退役军人保障工作中利用职务之便为自己或者他人谋取私利的；

（七）在退役军人保障工作中失职渎职的；

（八）有其他违反法律法规行为的。

▶理解与适用

［违法行为］

退役军人工作主管部门及其工作人员应当依照本法规定履行职责，如果有违法行为，就应当承担相应的法律责任。本条规定了8种违法行为：一是未按照本法第三章规定确定退役军人安置待遇的。二是在退役军人安置工作中出具虚假文件的。三是为不符合条件的人员发放退役军人优待证的。四是挪用、截留、私分退役军人保障工作经费的。五是违反规定确定抚恤优待对象、标准、数额或者给予退役军人相关待遇的。六是在退役军人保障工作中利用职务之便为自己或者他人谋取私利的。

七是在退役军人保障工作中失职渎职的。八是有其他违反法律法规行为的。

［法律责任］

退役军人工作主管部门及其工作人员实施本条规定的违法行为，由其上级主管部门责令改正，对直接负责的主管人员和其他直接责任人员依法给予处分。根据行为的不同性质的情节，依法给予的处分包括警告、记过、记大过、降级、撤职、开除。

▶条文参见

《军人抚恤优待条例》第55条、第56条；《退役军人安置条例》第87条；《烈士褒扬条例》第58条；《退役军人、其他优抚对象优待证管理办法（试行）》第43条

第七十六条　其他部门责任

其他负责退役军人有关工作的部门及其工作人员违反本法有关规定的，由其上级主管部门责令改正，对直接负责的主管人员和其他直接责任人员依法给予处分。

▶理解与适用

其他负责退役军人有关工作的部门及其工作人员，应当恪尽职守，依法履行退役军人保障职责。关于这些部门的具体职责，本法在有关条款作了相应规定。有关部门及其工作人员违反本法规定的，由其上级主管部门责令改正，对直接负责的主管人员和其他直接责任人员依法给予处分。有关军事机关或者现役军人违反本法规定，应当依照《中国人民解放军纪律条令（试行）》等军事法规的规定执行。

▶条文参见

《中华人民共和国军人保险法》第45条、第46条

第七十七条 接收单位责任

违反本法规定，拒绝或者无故拖延执行退役军人安置任务的，由安置地人民政府退役军人工作主管部门责令限期改正；逾期不改正的，予以通报批评。对该单位主要负责人和直接责任人员，由有关部门依法给予处分。

▶**理解与适用**

国家明确要求，严肃安置工作纪律，各地区、各部门和各接收单位要认真落实国家下达的安置计划，严格执行中央各项安置政策。如果违反本法规定，拒绝或者无故拖延执行退役军人安置任务的，由安置地人民政府退役军人工作主管部门责令限期改正；逾期不改正的，予以通报批评。对该单位主要负责人和直接责任人员，由有关部门依法给予处分。

▶**条文参见**

《军队转业干部安置暂行办法》第63条；《退役军人安置条例》第88条

第七十八条 骗取待遇责任

退役军人弄虚作假骗取退役相关待遇的，由县级以上地方人民政府退役军人工作主管部门取消相关待遇，追缴非法所得，并由其所在单位或者有关部门依法给予处分。

▶**理解与适用**

退役军人违反法律规定，通过弄虚作假骗取退役相关待遇，既损害了国家利益和法律的权威，也侵害了其他退役军人的合法权益，必须依法予以制裁。对于伪造立功受奖证明材料，骗取增发一次性退役金和安排工作待遇，伪造艰苦地区、特殊岗位服役经历和年限骗取相关待遇等行为，由县级以上地方人民政府退役军人工作主管部门取消相关待遇，追缴非法所得，并由其所在单位或者有关部门依法给予处分。如果弄虚作假行为同时违反其他法律法规，应依法追究法律责任。

▶条文参见

《中华人民共和国军人保险法》第 47 条；《军人抚恤优待条例》第 58 条；《退役军人安置条例》第 89 条

第七十九条 调整退役待遇

退役军人违法犯罪的，由省级人民政府退役军人工作主管部门按照国家有关规定中止、降低或者取消其退役相关待遇，报国务院退役军人工作主管部门备案。

退役军人对省级人民政府退役军人工作主管部门作出的中止、降低或者取消其退役相关待遇的决定不服的，可以依法申请行政复议或者提起行政诉讼。

▶理解与适用

[调整待遇情形]

退役军人在依法享有普通公民的权益之外，还依法享有党和国家给予的特殊保障和优待。退役军人如果实施了违法犯罪行为，损害了国家和人民的利益，应依照相关法律法规对其违法行为予以处罚，同时调整其退役相关待遇。本条与第 75 条、第 76 条、第 77 条、第 78 条不同，有关部门不能直接引用本条对特定对象进行处罚，违法犯罪行为对应减损哪些待遇，需要由省级人民政府退役军人工作主管部门按照“国家有关规定”作出决定，报国务院退役军人工作主管部门备案。

[救济推进]

退役军人对省级人民政府退役军人工作主管部门作出的中止、降低或者取消其退役相关待遇的决定不服的，可以依法申请行政复议或者提起行政诉讼。这一规定是对退役军人合法待遇的法律保护，也是对退役军人工作主管部门及其工作人员的监督，通过监督、保障，促进退役军人工作主管部门及其工作人员依法行政，切实保障退役军人合法权益。

▶条文参见

《中华人民共和国行政诉讼法》第 2 条；《中华人民共和国行政复议法》第 11 条；《军人抚恤优待条例》第 59 条

第八十条 法律责任衔接

违反本法规定，构成违反治安管理行为的，依法给予治安管理处罚；构成犯罪的，依法追究刑事责任。

▶理解与适用

本条适用对象既包括退役军人，也包括退役军人工作主管部门及其工作人员、其他有关部门及其工作人员。比如，退役军人工作主管部门及其工作人员违反本法第 75 条规定，也可能构成贪污、受贿、挪用公款、渎职等单位犯罪行为或个人犯罪行为，应当依照本法对单位或个人追究行政责任，同时根据刑法关于贪污、受贿、挪用公款、渎职犯罪等有关规定，依法追究相应的刑事责任。又如，退役军人违反本法第 78 条规定，弄虚作假骗取退役相关待遇的，如果其弄虚作假骗取退役相关待遇的过程中，涉及伪造、变造、买卖国家机关公文、证件、印章等犯罪行为，或者涉及诈骗犯罪相关行为，一方面，根据本法规定，应由县级以上地方人民政府退役军人工作主管部门取消退役军人相关待遇，追缴非法所得，并由其所在单位或者有关部门依法给予处分；另一方面，应根据刑法关于伪造、变造、买卖国家机关公文、证件、印章犯罪相关规定，或者诈骗罪相关规定，依法追究相应的刑事责任。

第十章　附　　则

第八十一条　武警部队人员适用规定

中国人民武装警察部队依法退出现役的警官、警士和义务兵等人员，适用本法。

▶理解与适用

人民武装警察部队是中华人民共和国武装力量的重要组成部分，由党中央、中央军事委员会集中统一领导，担负执勤、处置突发社会安全事件、防范和处置恐怖活动、海上维权执法、抢险救援和防卫作战以及中央军事委员会赋予的其他任务。人民武装警察享有法律、法规规定的现役军人的权益，当人民武装警察退出现役时，也享有法律法规赋予退役军人的权益。因此，本法规定，中国人民武装警察部队依法退出现役的警官、警士和义务兵等人员适用本法。

▶条文参见

《中华人民共和国军人保险法》第 50 条；《军人抚恤优待条例》第 60 条；《军队转业干部安置暂行办法》第 67 条；《退役军人安置条例》第 91 条

第八十二条　文职干部和军队院校学员适用规定

本法有关军官的规定适用于文职干部。

军队院校学员依法退出现役的，参照本法有关规定执行。

▶理解与适用

[文职干部]

文职干部是我国实行文职干部制度时期被任命为初级以上

专业技术职务或者办事员级以上职务且不授予军衔的现役军人。文职干部不同于文职人员，文职干部是现役军人，文职人员不是现役军人。根据《中国人民解放军文职人员条例》，文职人员是指在军民通用、非直接参与作战且社会化保障不宜承担的军队编制岗位从事管理工作和专业技术工作的非现役人员。文职人员离开军队工作岗位，待遇按照国家有关规定执行，不享受退役军人待遇。

[军队院校学员]

军队院校学员，是指中国人民解放军院校按照国家和军队有关招生政策规定录取的全日制学习的干部学员、生长干部学员和士官学员。军队院校学员有两个来源，一是从军队中录取的军官、士兵，二是从地方招录的学员。军队院校学员依法退出现役的，参照本法有关规定执行。

第八十三条 参试退役军人及“两参”人员认定

参试退役军人参照本法有关参战退役军人的规定执行。

参战退役军人、参试退役军人的范围和认定标准、认定程序，由中央军事委员会有关部门会同国务院退役军人工作主管部门等部门规定。

▶理解与适用

[参试退役军人]

参试退役军人主要是指参加过核试验的退役军人。参试退役军人曾经为国防和军队建设做出了重要贡献，其退出现役后，也应当享有相应的保障和优待。根据本条规定，参试退役军人适用本法时，参照本法有关参战退役军人的规定。

[“两参”人员认定]

参战、参试退役军人的身份认定是一项严肃的政治工作，具有很强的专业性，需要符合相应条件，并按照相关程序予以认定。经有关部门认定为参战、参试退役军人的，才能享受相应的待遇和保障。本条第2款授权中央军事委员会有关部门会同国务院退役军人工作主管部门等部门规定参战退役军人、参试退役军人的范围和认定标准、认定程序。

第八十四条　离职休养、军职退休和自主择业

军官离职休养和军级以上职务军官退休后，按照国务院和中央军事委员会的有关规定安置管理。

本法施行前已经按照自主择业方式安置的退役军人的待遇保障，按照国务院和中央军事委员会的有关规定执行。

▶理解与适用

[离职休养、军职退休]

现役军官法和有关规定已经对离休军官、军级以上职务退休军官的安置管理作了规定。本条第1款作了衔接性规定，规定军官离职休养和军级以上职务军官退休后按照国务院和中央军事委员会的有关规定安置管理。

[自主择业]

“本法施行前已经按照自主择业方式安置的退役军人”，指的就是2001年以来中共中央、国务院、中央军委颁布的《军队转业干部安置暂行办法》规定的已经退出现役的自主择业军队转业干部。自主择业军队转业干部在社会主义现代化建设中发挥了重要作用，考虑到军事政策制度改革正在统筹推进，本条第2款作了衔接性规定，规定本法施行前已经按照自主择业方式安置的退役军人的待遇保障，按照国务院和中央军事委员会的有关规定执行。

▶条文参见

《军队转业干部安置暂行办法》第4条、第38条、第39条、第40条、第41条；《关于自主择业的军队转业干部安置管理若干问题的意见》

第八十五条　实施日期

本法自 2021 年 1 月 1 日起施行。

▶理解与适用

法律施行日期，是指法律开始施行并发生法律效力的日期。《退役军人保障法》作为退役军人事务领域第一部综合性法律，对退役军人工作进行了全面规范，明确了退役军人保障的基本方针、原则、主要制度等，为退役军人工作提供了基本法律依据，内容丰富，涉及面广，为其实施留出充分的准备时间是十分必要的。本法是 2020 年 11 月 11 日颁布的，综合考虑退役军人保障法的重要性和进行前期准备的必要性，本条规定本法自 2021 年 1 月 1 日起施行，为法律生效预留了一定的准备期间。

中华人民共和国国防法（节录）

（1997年3月14日第八届全国人民代表大会第五次会议通过　根据2009年8月27日第十一届全国人民代表大会常务委员会第十次会议《关于修改部分法律的决定》修正　2020年12月26日第十三届全国人民代表大会常务委员会第二十四次会议修订）

……

第六十四条　国家建立退役军人保障制度，妥善安置退役军人，维护退役军人的合法权益。

第六十五条　国家和社会抚恤优待残疾军人，对残疾军人的生活和医疗依法给予特别保障。

因战、因公致残或者致病的残疾军人退出现役后，县级以上人民政府应当及时接收安置，并保障其生活不低于当地的平均生活水平。

第六十六条　国家和社会优待军人家属，抚恤优待烈士家属和因公牺牲、病故军人的家属。

……

中华人民共和国兵役法（节录）

（1984年5月31日第六届全国人民代表大会第二次会议通过　根据1998年12月29日第九届全国人民代表大会常务委员会第六次会议《关于修改〈中华人民共和国兵役法〉的决定》第一次修正　根据2009年8月27日第十一届全国人民代表大会常务委员会第十次会议《关于修改部分法律的决定》第二次修正　根据2011年10月29日第十一届全国人民代表大会常务委员会第二十三次会议《关于修改〈中华人民共和国兵役法〉的决定》第三次修正　2021年8月20日第十三届全国人民代表大会常务委员会第三十次会议修订）

……

第九章　退役军人的安置

第五十三条　对退出现役的义务兵，国家采取自主就业、安排工作、供养等方式妥善安置。

义务兵退出现役自主就业的，按照国家规定发给一次性退役金，由安置地的县级以上地方人民政府接收，根据当地的实际情况，可以发给经济补助。国家根据经济社会发展，适时调整退役金的标准。

服现役期间平时获得二等功以上荣誉或者战时获得三等功以上荣誉以及属于烈士子女的义务兵退出现役，由安置地的县级以上地方人民政府安排工作；待安排工作期间由当地人民政府按照国家有关规定发给生活补助费；根据本人自愿，也可以选择自主就业。

因战、因公、因病致残的义务兵退出现役，按照国家规定的评定残疾等级采取安排工作、供养等方式予以妥善安置；符合安排工作条件的，根据本人自愿，也可以选择自主就业。

第五十四条 对退出现役的军士，国家采取逐月领取退役金、自主就业、安排工作、退休、供养等方式妥善安置。

军士退出现役，服现役满规定年限的，采取逐月领取退役金方式予以妥善安置。

军士退出现役，服现役满十二年或者符合国家规定的其他条件的，由安置地的县级以上地方人民政府安排工作；待安排工作期间由当地人民政府按照国家有关规定发给生活补助费；根据本人自愿，也可以选择自主就业。

军士服现役满三十年或者年满五十五周岁或者符合国家规定的其他条件的，作退休安置。

因战、因公、因病致残的军士退出现役，按照国家规定的评定残疾等级采取安排工作、退休、供养等方式予以妥善安置；符合安排工作条件的，根据本人自愿，也可以选择自主就业。

军士退出现役，不符合本条第二款至第五款规定条件的，依照本法第五十三条规定的自主就业方式予以妥善安置。

第五十五条 对退出现役的军官，国家采取退休、转业、逐月领取退役金、复员等方式妥善安置；其安置方式的适用条件，依照有关法律法规的规定执行。

第五十六条 残疾军人、患慢性病的军人退出现役后，由安置地的县级以上地方人民政府按照国务院、中央军事委员会的有关规定负责接收安置；其中，患过慢性病旧病复发需要治疗的，由当地医疗机构负责给予治疗，所需医疗和生活费用，本人经济困难的，按照国家规定给予补助。

……

军队转业干部安置暂行办法

（2001 年 1 月 19 日）

第一章　总　　则

第一条　为了做好军队转业干部安置工作，加强国防和军队建设，促进经济和社会发展，保持社会稳定，根据《中华人民共和国国防法》、《中华人民共和国兵役法》和其他有关法律法规的规定，制定本办法。

第二条　本办法所称军队转业干部，是指退出现役作转业安置的军官和文职干部。

第三条　军队转业干部是党和国家干部队伍的组成部分，是重要的人才资源，是社会主义现代化建设的重要力量。

军队转业干部为国防事业、军队建设作出了牺牲和贡献，应当受到国家和社会的尊重、优待。

第四条　军队干部转业到地方工作，是国家和军队的一项重要制度。国家对军队转业干部实行计划分配和自主择业相结合的方式安置。

计划分配的军队转业干部由党委、政府负责安排工作和职务；自主择业的军队转业干部由政府协助就业、发给退役金。

第五条　军队转业干部安置工作，坚持为经济社会发展和军队建设服务的方针，贯彻妥善安置、合理使用、人尽其才、各得其所的原则。

第六条　国家设立军队转业干部安置工作机构，在中共中央、国务院、中央军事委员会领导下，负责全国军队转业干部安置工作。

省（自治区、直辖市）设立相应的军队转业干部安置工作机构，负责本行政区域的军队转业干部安置工作。市（地）可以根据实际情况设立军队转业干部安置工作机构。

第七条 解放军总政治部统一管理全军干部转业工作。

军队团级以上单位党委和政治机关负责本单位干部转业工作。

省军区（卫戍区、警备区）负责全军转业到所在省、自治区、直辖市干部的移交，并配合当地党委、政府做好军队转业干部安置工作。

第八条 接收、安置军队转业干部是一项重要的政治任务，是全社会的共同责任。党和国家机关、团体、企业事业单位，应当按照国家有关规定，按时完成军队转业干部安置任务。

第九条 军队转业干部应当保持和发扬人民军队的优良传统，适应国家经济和社会发展的需要，服从组织安排，努力学习，积极进取，为社会主义现代化建设贡献力量。

第十条 对在社会主义现代化建设中贡献突出的军队转业干部和在军队转业干部安置工作中做出显著成绩的单位、个人，国家和军队给予表彰奖励。

第二章　转业安置计划

第十一条 全国的军队转业干部安置计划，由国家军队转业干部安置工作主管部门会同解放军总政治部编制下达。

省（自治区、直辖市）的军队转业干部安置计划，由省（自治区、直辖市）军队转业干部安置工作主管部门编制下达。

中央和国家机关及其管理的在京企业事业单位军队转业干部安置计划，由国家军队转业干部安置工作主管部门编制下达。

中央和国家机关京外直属机构、企业事业单位的军队转业干部安置计划，由所在省（自治区、直辖市）军队转业干部安置工作主管部门编制下达。

第十二条 担任团级以下职务（含处级以下文职干部和享受相当待遇的专业技术干部，下同）的军队干部，有下列情形之一的，列入军队干部转业安置计划：

（一）达到平时服现役最高年龄的；

（二）受军队编制员额限制不能调整使用的；

（三）因身体状况不能坚持军队正常工作但能够适应地方工作的；

（四）其他原因需要退出现役作转业安置的。

第十三条 担任团级以下职务的军队干部，有下列情形之一的，不列入军队干部转业安置计划：

（一）年龄超过50周岁的；

（二）二等甲级以上伤残的；

（三）患有严重疾病，经驻军医院以上医院诊断确认，不能坚持正常工作的；

（四）受审查尚未作出结论或者留党察看期未满的；

（五）故意犯罪受刑事处罚的；

（六）被开除党籍或者受劳动教养丧失干部资格的；

（七）其他原因不宜作转业安置的。

第十四条 担任师级职务（含局级文职干部，下同）或高级专业技术职务的军队干部，年龄50周岁以下的，本人申请，经批准可以安排转业，列入军队干部转业安置计划。

担任师级职务或高级专业技术职务的军队干部，年龄超过50周岁、地方工作需要的，可以批准转业，另行办理。

第十五条 因军队体制、编制调整或者国家经济社会发展需要，成建制成批军队干部的转业安置，由解放军总政治部与国家军队转业干部安置工作主管部门协商办理。

中央和国家机关及其管理的在京企业事业单位计划外选调军队干部，经大军区级单位政治机关审核并报解放军总政治部批准转业后，由国家军队转业干部安置工作主管部门办理审批。

第三章 安置地点

第十六条 军队转业干部一般由其原籍或者入伍时所在省（自治区、直辖市）安置，也可以到配偶随军前或者结婚时常住户口所在地安置。

第十七条 配偶已随军的军队转业干部，具备下列条件之一的，可以到配偶常住户口所在地安置：

（一）配偶取得北京市常住户口满4年的；

（二）配偶取得上海市常住户口满3年的；

（三）配偶取得天津市、重庆市和省会（自治区首府）城市、副省级城市常住户口满2年的；

（四）配偶取得其他城市常住户口的。

第十八条 父母身边无子女或者配偶为独生子女的军队转业干部，可以到其父母或者配偶父母常住户口所在地安置。未婚的军队转业干部可以到其父母常住户口所在地安置。

父母双方或者一方为军人且长期在边远艰苦地区工作的军队转业干部，可以到父母原籍、入伍地或者父母离退休安置地安置。

第十九条 军队转业干部具备下列条件之一的，可以到配偶常住户口所在地安置，也可以到其父母或者配偶父母、本人子女常住户口所在地安置：

（一）自主择业的；

（二）在边远艰苦地区或者从事飞行、舰艇工作满10年的；

（三）战时获三等功、平时获二等功以上奖励的；

（四）因战因公致残的。

第二十条 夫妇同为军队干部且同时转业的，可以到任何一方的原籍或者入伍地安置，也可以到符合配偶随军条件的一方所在地安置；一方转业，留队一方符合配偶随军条件的，转业一方可以到留队一方所在地安置。

第二十一条 因国家重点工程、重点建设项目、新建扩建单位以及其他工作需要的军队转业干部，经接收单位所在省（自治区、直辖市）军队转业干部安置工作主管部门批准，可以跨省（自治区、直辖市）安置。

符合安置地吸引人才特殊政策规定条件的军队转业干部，可以到该地区安置。

第四章　工作分配与就业

第二十二条　担任师级职务的军队转业干部或者担任营级以下职务（含科级以下文职干部和享受相当待遇的专业技术干部，下同）且军龄不满20年的军队转业干部，由党委、政府采取计划分配的方式安置。

担任团级职务的军队转业干部或者担任营级职务且军龄满20年的军队转业干部，可以选择计划分配或者自主择业的方式安置。

第二十三条　计划分配的军队转业干部，党委、政府应当根据其德才条件和在军队的职务等级、贡献、专长安排工作和职务。

担任师级领导职务或者担任团级领导职务且任职满最低年限的军队转业干部，一般安排相应的领导职务。接收师、团级职务军队转业干部人数较多、安排领导职务确有困难的地区，可以安排相应的非领导职务。

其他担任师、团级职务或者担任营级领导职务且任职满最低年限的军队转业干部，参照上述规定，合理安排。

第二十四条　各省、自治区、直辖市应当制定优惠的政策措施，鼓励军队转业干部到艰苦地区和基层单位工作。

对自愿到边远艰苦地区工作的军队转业干部，应当安排相应的领导职务，德才优秀的可以提职安排。

在西藏或者其他海拔3500米以上地区连续工作满5年的军队转业干部，应当安排相应的领导职务或者非领导职务，对正职领导干部安排正职确有困难的，可以安排同级副职。

第二十五条　各地区、各部门、各单位应当采取使用空出的领导职位、按规定增加非领导职数或者先进后出、带编分配等办法，安排好师、团级职务军队转业干部的工作和职务。

党和国家机关按照军队转业干部安置计划数的15%增加行政编制，所增加的编制主要用于安排师、团级职务军队转业干部。

各地区、各部门、各单位应当把师、团级职务军队转业干部的安排与领导班子建设通盘考虑有计划地选调师、团级职务军队转业干部，安排到市（地）、县（市）级领导班子或者事业单位、国有大中型企业领导班子任职。

第二十六条 担任专业技术职务的军队转业干部，一般应当按照其在军队担任的专业技术职务或者国家承认的专业技术资格，聘任相应的专业技术职务；工作需要的可以安排行政职务。

担任行政职务并兼任专业技术职务的军队转业干部，根据地方工作需要和本人志愿，可以安排相应的行政职务或者聘任相应的专业技术职务。

第二十七条 国家下达的机关、团体、事业单位的年度增人计划，应当首先用于安置军队转业干部。编制满员的事业单位接收安置军队转业干部，按照实际接收人数相应增加编制，并据此增加人员工资总额计划。

第二十八条 党和国家机关接收计划分配的军队转业干部，按照干部管理权限，在主管部门的组织、指导下，对担任师、团级职务的，采取考核选调等办法安置；对担任营级以下职务的，采取考试考核和双向选择等办法安置。对有的岗位，也可以在军队转业干部中采取竞争上岗的办法安置。

第二十九条 对计划分配到事业单位的军队转业干部，参照其军队职务等级安排相应的管理或者专业技术工作岗位，并给予3年适应期。

企业接收军队转业干部，由军队转业干部安置工作主管部门编制计划，根据军队转业干部本人志愿进行分配，企业安排管理或者专业技术工作岗位，并给予2年适应期。

军队转业干部可以按照有关规定与用人单位签订无固定期限或者有固定期限劳动、聘用合同，用人单位不得违约解聘、辞退或者解除劳动、聘用合同。

第三十条 中央和国家机关京外直属机构、企业事业单位，应当按时完成所在地党委、政府下达的军队转业干部安置任务。需要增加编制、职数和工资总额的，其上级主管部门应当予以支持。

第三十一条 对自主择业的军队转业干部，安置地政府应当采取提供政策咨询、组织就业培训、拓宽就业渠道、向用人单位推荐、纳入人才市场等措施，为其就业创造条件。

第三十二条 党和国家机关、团体、企业事业单位在社会上招聘录用人员时，对适合军队转业干部工作的岗位，应当优先录用、聘用自主择业的军队转业干部。

第三十三条 对从事个体经营或者创办经济实体的自主择业的军队转业干部，安置地政府应当在政策上给予扶持，金融、工商、税务等部门，应当视情提供低息贷款，及时核发营业执照，按照社会再就业人员的有关规定减免营业税、所得税等税费。

第五章 待 遇

第三十四条 计划分配到党和国家机关、团体、事业单位的军队转业干部，其工资待遇按照不低于接收安置单位与其军队职务等级相应或者同等条件人员的标准确定，津贴、补贴、奖金以及其他生活福利待遇，按照国家有关规定执行。

第三十五条 计划分配到党和国家机关、团体、事业单位的军队转业干部，退休时的职务等级低于转业时军队职务等级的，享受所在单位与其转业时军队职务等级相应或者同等条件人员的退休待遇。

本条规定不适用于到地方后受降级以上处分的军队转业干部。

第三十六条 计划分配到企业的军队转业干部，其工资和津贴、补贴、奖金以及其他生活福利待遇，按照国家和所在企业的有关规定执行。

第三十七条 军队转业干部的军龄，计算为接收安置单位的连续工龄（工作年限），享受相应的待遇。在军队从事护理、教学工作，转业后仍从事该职业的，其在军队的护龄、教龄应当连续计算，享受接收安置单位同类人员的待遇。

第三十八条 自主择业的军队转业干部，由安置地政府逐月发给退役金。团级职务和军龄满 20 年的营级职务军队转业干部的月退役金，按照本人转业时安置地同职务等级军队干部月职务、军衔（级别）工资和军队统一规定的津贴补贴为计发基数 80% 的数额与基础、军龄工资的全额之和计发。军龄满 20 年以上的，从第 21 年起，军龄每增加一年，增发月退役金计发基数的 1%。

第三十九条 自主择业的军队转业干部，按照下列条件和标准增发退役金：

（一）荣立三等功、二等功、一等功或者被大军区级以上单位授予荣誉称号的，分别增发月退役金计发基数的 5%、10%、15%。符合其中两项以上的，按照最高的一项标准增发。

（二）在边远艰苦地区或者从事飞行、舰艇工作满 10 年、15 年、20 年以上的，分别增发月退役金计发基数的 5%、10%、15%。符合其中两项以上的，按照最高的一项标准增发。

本办法第三十八条和本条各项规定的标准合并计算后，月退役金数额不得超过本人转业时安置地同职务等级军队干部月职务、军衔、基础、军龄工资和军队统一规定的津贴补贴之和。

第四十条 自主择业的军队转业干部的退役金，根据移交地方安置的军队退休干部退休生活费调整的情况相应调整增加。

经济比较发达的地区，自主择业军队转业干部的月退役金低于安置地当年党和国家机关相应职务等级退休干部月退休生活费数额的，安置地政府可以发给差额补贴。

自主择业的军队转业干部的退役金，免征个人所得税。

自主择业的军队转业干部，被党和国家机关选用为正式工作人员的，停发退役金。其工资等各项待遇按照本办法第三十四条规定执行。

第四十一条 自主择业的军队转业干部去世后，从去世的下月起停发退役金。区别不同情况，一次发给本人生前 10 个月至 40 个月的退役金作为抚恤金和一定数额的退役金作为丧葬补助费。具体办法由有关部门另行制定。

自主择业的军队转业干部的遗属生活确有困难的，由安置地政府按照国家和当地的有关规定发给生活困难补助金。

第四十二条 计划分配的军队转业干部，享受所在单位与其军队职务等级相应或者同等条件人员的政治待遇；自主择业的军队转业干部，享受安置地相应职务等级退休干部的有关政治待遇。

第四十三条 军队转业干部在服现役期间被中央军事委员会授予荣誉称号的，比照全国劳动模范（先进工作者）享受相应待遇；被大军区级单位授予荣誉称号或者荣立一等功，以及被评为全国模范军队转业干部的，比照省部级劳动模范（先进工作者）享受相应待遇。

第六章 培 训

第四十四条 军队转业干部的培训工作，是军队转业干部安置工作的重要组成部分，各级党委、政府和有关部门应当在政策和经费等方面提供必要保障。

第四十五条 对计划分配的军队转业干部应当进行适应性培训和专业培训，有条件的地区也可以在安置前组织适应性培训。培训工作贯彻“学用结合、按需施教、注重实效”和“培训、考核、使用相结合”的原则，增强针对性和实用性，提高培训质量。

军队转业干部培训的规划、组织协调和督促检查工作，由军队转业干部安置工作主管部门负责。

第四十六条 计划分配的军队转业干部的专业培训，由省（自治区、直辖市）按部门或者专业编班集中组织实施，培训时间不少于3个月。

军队转业干部参加培训期间享受接收安置单位在职人员的各项待遇。

第四十七条 自主择业的军队转业干部的就业培训，主要依托军队转业干部培训中心具体实施，也可以委托地方院校、职业培训机构承担具体工作。负责培训的部门应当根据社会人才需求合理设置专业课程，加强定向职业技能培训，以提高自主择业的军队转业干部就业竞争能力。

第四十八条 军队转业干部培训中心，主要承担计划分配的军队转业干部的适应性培训和部分专业培训，以及自主择业的军队转业干部的就业培训。

军队转业干部安置工作主管部门应当加强对军队转业干部培训中心的管理。军队转业干部培训中心从事社会服务的收益，主要用于补助培训经费的不足。

第四十九条 各级教育行政管理部门应当在师资、教学设施等方面，支持军队转业干部培训工作。对报考各类院校的军队转业干部，应适当放宽年龄条件，在与其他考生同等条件下，优先录取；对获二等功以上奖励的，应适当降低录取分数线投档。

第七章 社会保障

第五十条 军队转业干部的住房，由安置地政府按照统筹规划、优先安排、重点保障、合理负担的原则给予保障，主要采取购买经济适用住房、现有住房或者租住周转住房，以及修建自有住房等方式解决。

计划分配的军队转业干部，到地方单位工作后的住房补贴，由安置地政府或者接收安置单位按照有关规定解决。自主择业的军队转业干部，到地方后未被党和国家机关、团体、企业事业单位录用聘用期间的住房补贴，按照安置地党和国家机关与其军队职务等级相应或者同等条件人员的住房补贴的规定执行。

军队转业干部因配偶无住房补贴，购买经济适用住房超过家庭合理负担的部分，个人支付确有困难的，安置地政府应当视情给予购房补贴或者优先提供住房公积金贷款。

军队转业干部住房保障具体办法，按照国家有关规定执行。

第五十一条 军队转业干部的军龄视同社会保险缴费年限。其服现役期间的医疗等社会保险费，转入安置地社会保险经办机构。

第五十二条 计划分配到党和国家机关、团体、事业单位的军队转业干部，享受接收安置单位与其军队职务等级相应或者同等条件人员的医疗、养老、失业、工伤、生育等社会保险待遇；计划分配到企业的军队转业干部，按照国家有关规定参加社会保险，缴纳社会保险费，享受社会保险待遇。

第五十三条 自主择业的军队转业干部，到地方后未被党和国家机关、团体、企业事业单位录用聘用期间的医疗保障，按照安置地党和国家机关与其军队职务等级相应或者同等条件人员的有关规定执行。

第八章 家属安置

第五十四条 军队转业干部随调配偶的工作，安置地党委、政府应当参照本人职务等级和从事的职业合理安排，与军队转业干部同时接收安置，发出报到通知。调入调出单位相应增减工资总额。

对安排到实行合同制、聘任制企业事业单位的军队转业干部随调配偶，应当给予2年适应期。适应期内，非本人原因不得擅自违约解聘、辞退或者解除劳动、聘用合同。

第五十五条 军队转业干部随迁配偶、子女符合就业条件的，安置地政府应当提供就业指导和服务，帮助其实现就业；对从事个体经营或者创办经济实体的，应当在政策上给予扶持，并按照国家和安置地促进就业的有关规定减免税费。

第五十六条 军队转业干部配偶和未参加工作的子女可以随调随迁，各地公安部门凭军队转业干部安置工作主管部门的通知及时办理迁移、落户手续。随迁子女需要转学、入学的，由安置地教育行政管理部门负责安排；报考各类院校时，在与其他考生同等条件下优先录取。

军队转业干部身边无子女的，可以随调一名已经工作的子女及其配偶。

各地在办理军队转业干部及其随调随迁配偶、子女的工作安排、落户和转学、入学事宜时，不得收取国家政策规定以外的费用。

第五十七条 军队转业干部随调随迁配偶、子女，已经参加医疗、养老、失业、工伤、生育等社会保险的，其社会保险关系和社会保险基金，由社会保险经办机构按照国家有关规定一并转移或者继续支付。未参加社会保险的，按照国家和安置地有关规定，参加医疗、养老、失业、工伤、生育等社会保险。

第九章　安置经费

第五十八条　军队转业干部安置经费，分别列入中央财政、地方财政和军费预算，并根据经济社会发展，逐步加大投入。

军队转业干部安置工作涉及的行政事业费、培训费、转业生活补助费、安家补助费和服现役期间的住房补贴，按照现行的经费供应渠道予以保障。

军队转业干部培训经费的不足部分由地方财政补贴。安置业务经费由本级财政部门解决。

第五十九条　自主择业的军队转业干部的退役金，由中央财政专项安排；到地方后未被党和国家机关、团体、企业事业单位录用聘用期间的住房补贴和医疗保障所需经费，由安置地政府解决。

第六十条　军队转业干部安置经费应当专款专用，不得挪用、截留、克扣、侵占，有关职能部门对安置经费的使用情况应当进行监督检查。

第十章　管理与监督

第六十一条　各级党委、政府应当把军队转业干部安置工作纳入目标管理，建立健全领导责任制，作为考核领导班子、领导干部政绩的重要内容和评选双拥模范城（县）的重要条件。

第六十二条　军队转业干部安置工作主管部门主要负责军队转业干部的计划安置、就业指导、就业培训、经费管理和协调军队转业干部的社会保障等工作。

自主择业的军队转业干部，由军队转业干部安置工作主管部门管理，主要负责自主择业的军队转业干部的政策指导、就业培训、协助就业、退役金发放、档案接转与存放，并协调解决有关问题；其他日常管理服务工作，由户口所在街道、乡镇负责。

第六十三条 各级党委、政府应当加强对军队转业干部安置工作的监督检查，坚决制止和纠正违反法律、法规和政策的行为；对拒绝接收军队转业干部或者未完成安置任务的部门和单位，组织、人事、编制等部门可以视情暂缓办理其人员调动、录用和编制等审批事项。

第六十四条 军队转业干部到地方报到前发生的问题，由其原部队负责处理；到地方报到后发生的问题，由安置地政府负责处理，涉及原部队的，由原部队协助安置地政府处理。

对无正当理由经教育仍不到地方报到的军队转业干部，由原部队根据有关规定给予党纪、军纪处分或者其他处罚。

第六十五条 退出现役被确定转服军官预备役的军队转业干部，到地方接收安置单位报到时，应当到当地人民武装部进行预备役军官登记，履行其预备役军官的职责和义务。

第六十六条 凡违反本办法规定，对军队转业干部安置工作造成严重影响的单位和个人，视情节轻重给予批评教育或者处分、处罚；构成犯罪的，依法追究刑事责任。

第十一章　附　　则

第六十七条 中国人民武装警察部队转业干部的安置工作，按照本办法执行。

第六十八条 各省、自治区、直辖市依据本办法制定实施细则。

第六十九条 本办法自发布之日起施行，适用于此后批准转业的军队干部。以往有关军队转业干部安置工作的规定，凡与本办法不一致的，以本办法为准。

第七十条 本办法由国家军队转业干部安置工作主管部门会同有关部门负责解释。

退役军人安置条例

（2024 年 7 月 29 日中华人民共和国国务院、中华人民共和国中央军事委员会令第 787 号公布　自 2024 年 9 月 1 日起施行）

第一章　总　　则

第一条　为了规范退役军人安置工作，妥善安置退役军人，维护退役军人合法权益，让军人成为全社会尊崇的职业，根据《中华人民共和国退役军人保障法》、《中华人民共和国兵役法》、《中华人民共和国军人地位和权益保障法》，制定本条例。

第二条　本条例所称退役军人，是指从中国人民解放军依法退出现役的军官、军士和义务兵等人员。

第三条　退役军人为国防和军队建设做出了重要贡献，是社会主义现代化建设的重要力量。

国家关心、优待退役军人，保障退役军人依法享有相应的权益。

全社会应当尊重、优待退役军人，支持退役军人安置工作。

第四条　退役军人安置工作坚持中国共产党的领导，坚持为经济社会发展服务、为国防和军队建设服务的方针，贯彻妥善安置、合理使用、人尽其才、各得其所的原则。

退役军人安置工作应当公开、公平、公正，军地协同推进。

第五条　对退役的军官，国家采取退休、转业、逐月领取退役金、复员等方式妥善安置。

对退役的军士，国家采取逐月领取退役金、自主就业、安排工作、退休、供养等方式妥善安置。

对退役的义务兵，国家采取自主就业、安排工作、供养等方式妥善安置。

对参战退役军人，担任作战部队师、旅、团、营级单位主官的转业军官，属于烈士子女、功臣模范的退役军人，以及长期在艰苦边远地区或者飞行、舰艇、涉核等特殊岗位服现役的退役军人，依法优先安置。

第六条 中央退役军人事务工作领导机构负责退役军人安置工作顶层设计、统筹协调、整体推进、督促落实。地方各级退役军人事务工作领导机构负责本地区退役军人安置工作的组织领导和统筹实施。

第七条 国务院退役军人工作主管部门负责全国的退役军人安置工作。中央军事委员会政治工作部门负责组织指导全军军人退役工作。中央和国家有关机关、中央军事委员会机关有关部门应当在各自职责范围内做好退役军人安置工作。

县级以上地方人民政府退役军人工作主管部门负责本行政区域的退役军人安置工作。军队团级以上单位政治工作部门（含履行政治工作职责的部门，下同）负责本单位军人退役工作。地方各级有关机关应当在各自职责范围内做好退役军人安置工作。

省军区（卫戍区、警备区）负责全军到所在省、自治区、直辖市以转业、逐月领取退役金、复员方式安置的退役军官和逐月领取退役金的退役军士移交工作，配合安置地做好安置工作；配合做好退休军官、军士以及以安排工作、供养方式安置的退役军士和义务兵移交工作。

第八条 退役军人安置所需经费，按照中央与地方财政事权和支出责任划分原则，列入中央和地方预算，并根据经济社会发展水平适时调整。

第九条 机关、群团组织、企业事业单位和社会组织应当依法接收安置退役军人，退役军人应当接受安置。

退役军人应当模范遵守宪法和法律法规，保守军事秘密，保持发扬人民军队光荣传统和优良作风，积极投身全面建设社会主义现代化国家的事业。

第十条 县级以上地方人民政府应当把退役军人安置工作纳入年度重点工作计划，纳入目标管理，建立健全安置工作责任制和考核评价制度，将安置工作完成情况纳入对本级人民政府负责退役军人有关工作的部门及其负责人、下级人民政府及其负责人的考核评价内容，作为双拥模范城（县）考评重要内容。

第十一条 对在退役军人安置工作中做出突出贡献的单位和个人，按照国家有关规定给予表彰、奖励。

第二章 退役军官安置方式

第十二条 军官退出现役，符合规定条件的，可以作退休、转业或者逐月领取退役金安置。

军官退出现役，有规定情形的，作复员安置。

第十三条 对退休军官，安置地人民政府应当按照国家保障与社会化服务相结合的方式，做好服务管理工作，保障其待遇。

第十四条 安置地人民政府根据工作需要设置、调整退休军官服务管理机构，服务管理退休军官。

第十五条 转业军官由机关、群团组织、事业单位和国有企业接收安置。

安置地人民政府应当根据转业军官德才条件以及服现役期间的职务、等级、所作贡献、专长等和工作需要，结合实际统筹采取考核选调、赋分选岗、考试考核、双向选择、直通安置、指令性分配等办法，妥善安排其工作岗位，确定相应的职务职级。

第十六条 退役军官逐月领取退役金的具体办法由国务院退役军人工作主管部门会同有关部门制定。

第十七条 复员军官按照国务院退役军人工作主管部门、中央军事委员会政治工作部门制定的有关规定享受复员费以及其他待遇等。

第三章 退役军士和义务兵安置方式

第一节 逐月领取退役金

第十八条 军士退出现役，符合规定条件的，可以作逐月领取退役金安置。

第十九条 退役军士逐月领取退役金的具体办法由国务院退役军人工作主管部门会同有关部门制定。

第二节 自主就业

第二十条 退役军士不符合逐月领取退役金、安排工作、退休、供养条件的，退役义务兵不符合安排工作、供养条件的，以自主就业方式安置。

退役军士符合逐月领取退役金、安排工作条件的，退役义务兵符合安排工作条件的，可以选择以自主就业方式安置。

第二十一条 对自主就业的退役军士和义务兵，根据其服现役年限发放一次性退役金。

自主就业退役军士和义务兵的一次性退役金由中央财政专项安排，具体标准由国务院退役军人工作主管部门、中央军事委员会政治工作部门会同国务院财政部门，根据国民经济发展水平、国家财力情况、全国城镇单位就业人员平均工资和军人职业特殊性等因素确定，并适时调整。

第二十二条 自主就业的退役军士和义务兵服现役期间个人获得勋章、荣誉称号或者表彰奖励的，按照下列比例增发一次性退役金：

（一）获得勋章、荣誉称号的，增发25%；

（二）荣立一等战功或者获得一级表彰的，增发20%；

（三）荣立二等战功、一等功或者获得二级表彰并经批准享受相关待遇的，增发15%；

（四）荣立三等战功或者二等功的，增发10%；

（五）荣立四等战功或者三等功的，增发5%。

第二十三条 对自主就业的退役军士和义务兵，地方人民政府可以根据当地实际情况给予一次性经济补助，补助标准及发放办法由省、自治区、直辖市人民政府制定。

第二十四条 因患精神障碍被评定为5级至6级残疾等级的初

级军士和义务兵退出现役后，需要住院治疗或者无直系亲属照顾的，可以由安置地人民政府退役军人工作主管部门安排到有关医院接受治疗，依法给予保障。

第三节　安排工作

第二十五条　军士和义务兵退出现役，符合下列条件之一的，由安置地人民政府安排工作：

（一）军士服现役满 12 年的；

（二）服现役期间个人获得勋章、荣誉称号的；

（三）服现役期间个人荣获三等战功、二等功以上奖励的；

（四）服现役期间个人获得一级表彰的；

（五）因战致残被评定为 5 级至 8 级残疾等级的；

（六）是烈士子女的。

符合逐月领取退役金条件的军士，本人自愿放弃以逐月领取退役金方式安置的，可以选择以安排工作方式安置。

因战致残被评定为 5 级至 6 级残疾等级的中级以上军士，本人自愿放弃以退休方式安置的，可以选择以安排工作方式安置。

第二十六条　对安排工作的退役军士和义务兵，主要采取赋分选岗的办法安排到事业单位和国有企业；符合规定条件的，可以择优招录到基层党政机关公务员岗位。

安排工作的退役军士和义务兵服现役表现量化评分的具体办法由国务院退役军人工作主管部门会同中央军事委员会政治工作部门制定。

第二十七条　根据工作需要和基层政权建设要求，省级公务员主管部门应当确定一定数量的基层公务员录用计划，综合考虑服现役表现等因素，按照本条例第二十六条的规定择优招录具有本科以上学历的安排工作的退役军士和义务兵。招录岗位可以在省级行政区域内统筹安排。

参加招录的退役军士和义务兵是烈士子女的，或者在艰苦边远地区服现役满 5 年的，同等条件下优先录用。

艰苦边远地区和边疆民族地区在招录退役军士和义务兵时，可以根据本地实际适当放宽安置去向、年龄、学历等条件。

第二十八条 根据安置工作需要，省级以上人民政府可以指定一批专项岗位，按照规定接收安置安排工作的退役军士和义务兵。

第二十九条 对安排到事业单位的退役军士和义务兵，应当根据其服现役期间所作贡献、专长特长等，合理安排工作岗位。符合相应岗位条件的，可以安排到管理岗位或者专业技术岗位。

第三十条 机关、群团组织、事业单位接收安置安排工作的退役军士和义务兵的，应当按照国家有关规定给予编制保障。

国有企业应当按照本企业全系统新招录职工数量的规定比例核定年度接收计划，用于接收安置安排工作的退役军士和义务兵。

第三十一条 对接收安置安排工作的退役军士和义务兵任务较重的地方，上级人民政府可以在本行政区域内统筹调剂安排。

安置地人民政府应当在接收退役军士和义务兵的 6 个月内完成安排退役军士和义务兵工作的任务。

第三十二条 安排工作的退役军士和义务兵的安置岗位需要签订聘用合同或者劳动合同的，用人单位应当按照规定与其签订不少于 3 年的中长期聘用合同或者劳动合同。其中，企业接收军龄 10 年以上的退役军士的，应当与其签订无固定期限劳动合同。

第三十三条 对安排工作的残疾退役军士和义务兵，接收单位应当安排力所能及的工作。

安排工作的因战、因公致残退役军士和义务兵，除依法享受工伤保险待遇外，还享受与所在单位工伤人员同等的生活福利、医疗等其他待遇。

第三十四条 符合安排工作条件的退役军士和义务兵无正当理由拒不服从安置地人民政府安排工作的，视为放弃安排工作待遇；在待安排工作期间被依法追究刑事责任的，取消其安排工作待遇。

第三十五条 军士和义务兵退出现役，有下列情形之一的，不以安排工作方式安置：

（一）被开除中国共产党党籍的；

（二）受过刑事处罚的；

（三）法律法规规定的因被强制退役等原因不宜以安排工作方式安置的其他情形。

第四节　退休与供养

第三十六条　中级以上军士退出现役，符合下列条件之一的，作退休安置：

（一）退出现役时年满55周岁的；

（二）服现役满30年的；

（三）因战、因公致残被评定为1级至6级残疾等级的；

（四）患有严重疾病且经医学鉴定基本丧失工作能力的。

第三十七条　退休军士移交政府安置服务管理工作，参照退休军官的有关规定执行。

第三十八条　被评定为1级至4级残疾等级的初级军士和义务兵退出现役的，由国家供养终身。

因战、因公致残被评定为1级至4级残疾等级的中级以上军士，本人自愿放弃退休安置的，可以选择由国家供养终身。

国家供养分为集中供养和分散供养。

第四章　移 交 接 收

第一节　安 置 计 划

第三十九条　退役军人安置计划包括全国退役军人安置计划和地方退役军人安置计划，区分退役军官和退役军士、义务兵分类分批下达。

全国退役军人安置计划，由国务院退役军人工作主管部门会同中央军事委员会政治工作部门、中央和国家有关机关编制下达。

县级以上地方退役军人安置计划，由本级退役军人工作主管部门编制下达或者会同有关部门编制下达。

第四十条 伤病残退役军人安置计划可以纳入本条例第三十九条规定的计划一并编制下达，也可以专项编制下达。

退役军人随调随迁配偶和子女安置计划与退役军人安置计划一并下达。

第四十一条 中央和国家机关及其管理的企业事业单位接收退役军人的安置计划，按照国家有关规定编制下达。

第四十二条 因军队体制编制调整，军人整建制成批次退出现役的安置，由国务院退役军人工作主管部门、中央军事委员会政治工作部门会同中央和国家有关机关协商办理。

第二节 安 置 地

第四十三条 退役军人安置地按照服从工作需要、彰显服役贡献、有利于家庭生活的原则确定。

第四十四条 退役军官和以逐月领取退役金、退休方式安置的退役军士的安置地按照国家有关规定确定。

第四十五条 退役义务兵和以自主就业、安排工作、供养方式安置的退役军士的安置地为其入伍时户口所在地。但是，入伍时是普通高等学校在校学生，退出现役后不复学的，其安置地为入学前的户口所在地。

退役义务兵和以自主就业、安排工作、供养方式安置的退役军士有下列情形之一的，可以易地安置：

（一）服现役期间父母任何一方户口所在地变更的，可以在父母任何一方现户口所在地安置；

（二）退役军士已婚的，可以在配偶或者配偶父母任何一方户口所在地安置；

（三）退役军士的配偶为现役军人且符合随军规定的，可以在配偶部队驻地安置；双方同时退役的，可以在配偶的安置地安置；

（四）因其他特殊情况，由军队旅级以上单位政治工作部门出具证明，经省级以上人民政府退役军人工作主管部门批准，可以易地安置。

退役军士按照前款第二项、第三项规定在国务院确定的中等以上城市安置的，应当结婚满 2 年。

第四十六条 因国家重大改革、重点项目建设以及国防和军队改革需要等情况，退役军人经国务院退役军人工作主管部门批准，可以跨省、自治区、直辖市安置。

符合安置地吸引人才特殊政策规定条件的退役军人，由接收安置单位所在省级人民政府退役军人工作主管部门商同级人才工作主管部门同意，经国务院退役军人工作主管部门和中央军事委员会政治工作部门批准，可以跨省、自治区、直辖市安置。

第四十七条 对因战致残、服现役期间个人荣获三等战功或者二等功以上奖励、是烈士子女的退役军人，以及父母双亡的退役军士和义务兵，可以根据本人申请，由省级以上人民政府退役军人工作主管部门按照有利于其生活的原则确定安置地。

第四十八条 退役军人在国务院确定的超大城市安置的，除符合其安置方式对应的规定条件外，按照本人部队驻地安置的，还应当在驻该城市部队连续服役满规定年限；按照投靠方式安置的，还应当符合国家有关规定要求的其他资格条件。

第四十九条 退役军人服现役期间个人获得勋章、荣誉称号的，荣立一等战功或者获得一级表彰的，可以在全国范围内选择安置地。其中，退役军人选择在国务院确定的超大城市安置的，不受本条例第四十八条规定的限制。

退役军人服现役期间个人荣立二等战功或者一等功的，获得二级表彰并经批准享受相关待遇的，在西藏、新疆、军队确定的四类以上艰苦边远地区、军队确定的二类以上岛屿或者飞行、舰艇、涉核等特殊岗位服现役累计满 15 年的，可以在符合安置条件的省级行政区域内选择安置地。

退役军人在西藏、新疆、军队确定的四类以上艰苦边远地区、军队确定的二类以上岛屿或者飞行、舰艇、涉核等特殊岗位服现役累计满 10 年的，可以在符合安置条件的设区的市级行政区域内选择安置地。

第三节　交　　接

第五十条　以转业、逐月领取退役金、复员方式安置的退役军官和以逐月领取退役金方式安置的退役军士的人事档案，由中央军事委员会机关部委、中央军事委员会直属机构、中央军事委员会联合作战指挥中心、战区、军兵种、中央军事委员会直属单位等单位的政治工作部门向安置地省军区（卫戍区、警备区）移交后，由安置地省军区（卫戍区、警备区）向省级人民政府退役军人工作主管部门进行移交。

安排工作的退役军士和义务兵的人事档案，由中央军事委员会机关部委、中央军事委员会直属机构、中央军事委员会联合作战指挥中心、战区、军兵种、中央军事委员会直属单位等单位的政治工作部门向安置地省级人民政府退役军人工作主管部门进行移交。

以自主就业、供养方式安置的退役军士和义务兵的人事档案，由军队师、旅、团级单位政治工作部门向安置地人民政府退役军人工作主管部门进行移交。

第五十一条　以转业、逐月领取退役金、复员方式安置的退役军官，由退役军人工作主管部门发出接收安置报到通知，所在部队应当及时为其办理相关手续，督促按时报到。

以逐月领取退役金、安排工作、供养方式安置的退役军士和以安排工作、供养方式安置的退役义务兵，应当按照规定时间到安置地人民政府退役军人工作主管部门报到；自主就业的退役军士和义务兵，应当自被批准退出现役之日起30日内，到安置地人民政府退役军人工作主管部门报到。无正当理由不按照规定时间报到超过30日的，视为放弃安置待遇。

第五十二条　退休军官和军士的移交接收，由退休军官和军士所在部队团级以上单位政治工作部门和安置地人民政府退役军人工作主管部门组织办理。

第五十三条　退役军人报到后，退役军人工作主管部门应当及时为需要办理户口登记的退役军人开具户口登记介绍信，公安机关据此办理户口登记。

退役军人工作主管部门应当督促退役军人及时办理兵役登记信息变更。

实行组织移交的复员军官，由军队旅级以上单位政治工作部门会同安置地人民政府退役军人工作主管部门和公安机关办理移交落户等相关手续。

第五十四条 对符合移交条件的伤病残退役军人，军队有关单位和安置地人民政府退役军人工作主管部门应当及时移交接收，予以妥善安置。

第五十五条 对退役军人安置政策落实不到位、工作推进不力的地区和单位，由省级以上人民政府退役军人工作主管部门会同有关部门约谈该地区人民政府主要负责人或者该单位主要负责人；对拒绝接收安置退役军人或者未完成安置任务的部门和单位，组织、编制、人力资源社会保障等部门可以视情况暂缓办理其人员调动、录（聘）用和编制等审批事项。

第五章 家属安置

第五十六条 以转业、逐月领取退役金、复员方式安置的退役军官和以逐月领取退役金、安排工作方式安置且符合家属随军规定的退役军士，其配偶可以随调随迁，未成年子女可以随迁。

以转业、逐月领取退役金、复员方式安置的退役军官身边无子女的，可以随调一名已经工作的子女及其配偶。

第五十七条 退役军人随调配偶在机关或者事业单位工作，符合有关法律法规规定的，安置地人民政府负责安排到相应的工作单位。对在其他单位工作或者无工作单位的随调随迁配偶，安置地人民政府应当提供就业指导，协助实现就业。

对安排到企业事业单位的退役军人随调配偶，安置岗位需要签订聘用合同或者劳动合同的，用人单位应当与其签订不少于 3 年的中长期聘用合同或者劳动合同。

鼓励和支持退役军人随调随迁家属自主就业创业。对有自主就业创业意愿的随调配偶，可以采取发放一次性就业补助费等措施进行安置，并提供就业指导服务。一次性就业补助费标准及发放办法由省、自治区、直辖市人民政府制定。随调随迁家属按照规定享受就业创业扶持相关优惠政策。

退役军人随调配偶应当与退役军人同时接收安置，同时发出报到通知。

第五十八条 退役军人随调随迁家属户口的迁移、登记等手续，由安置地公安机关根据退役军人工作主管部门的通知及时办理。

退役军人随迁子女需要转学、入学的，安置地人民政府教育行政部门应当及时办理。

第五十九条 转业军官和安排工作的退役军士自愿到艰苦边远地区工作的，其随调随迁配偶和子女可以在原符合安置条件的地区安置。

第六十条 退休军官、军士随迁配偶和子女的落户、各项社会保险关系转移接续以及随迁子女转学、入学，按照国家有关规定执行。

第六章 教育培训

第六十一条 退役军人离队前，所在部队在保证完成军事任务的前提下，应当根据需要开展教育培训，介绍国家改革发展形势，宣讲退役军人安置政策，组织法律法规和保密纪律等方面的教育。县级以上地方人民政府退役军人工作主管部门应当给予支持配合。

第六十二条 军人退出现役后，退役军人工作主管部门和其他负责退役军人安置工作的部门应当区分不同安置方式的退役军人，组织适应性培训。

对符合条件的退役军人，县级以上人民政府退役军人工作主管部门可以组织专业培训。

第六十三条 符合条件的退役军人定岗后，安置地人民政府退役军人工作主管部门、接收安置单位可以根据岗位需要和本人实际，选派到高等学校或者相关教育培训机构进行专项学习培训。退役军人参加专项学习培训期间同等享受所在单位相关待遇。

第六十四条 退役军人依法享受教育优待政策。

退役军人在达到法定退休年龄前参加职业技能培训的，按照规定享受职业技能培训补贴等相应扶持政策。

第六十五条 退役军人教育培训的规划、组织协调、督促检查、补助发放工作，以及师资、教学设施等方面保障，由退役军人工作主管部门和教育培训行政主管部门按照分工负责。

第七章 就业创业扶持

第六十六条 国家采取政府推动、市场引导、社会支持相结合的方式，鼓励和扶持退役军人就业创业。以逐月领取退役金、自主就业、复员方式安置的退役军人，按照规定享受相应就业创业扶持政策。

第六十七条 各级人民政府应当加强对退役军人就业创业的指导和服务。县级以上地方人民政府每年应当组织开展退役军人专场招聘活动，帮助退役军人就业。

对符合当地就业困难人员认定条件的退役军人，安置地人民政府应当将其纳入就业援助范围。对其中确实难以通过市场实现就业的，依法纳入公益性岗位保障范围。

第六十八条 机关、群团组织、事业单位和国有企业在招录或者招聘人员时，对退役军人的年龄和学历条件可以适当放宽，同等条件下优先招录、招聘退役军人。退役军官在军队团和相当于团以下单位工作的经历，退役军士和义务兵服现役的经历，视为基层工作经历。

各地应当设置一定数量的基层公务员职位，面向服现役满 5 年的高校毕业生退役军人招考。

用人单位招用退役军人符合国家规定的，依法享受税收优惠等政策。

第六十九条 自主就业的退役军士和义务兵入伍前是机关、群团组织、事业单位或者国有企业人员的，退出现役后可以选择复职复工，其工资、福利待遇不得低于本单位同等条件人员的平均水平。

第七十条 自主就业的退役军士和义务兵入伍前通过家庭承包方式承包的农村土地，承包期内不得违法收回或者强迫、阻碍土地经营权流转；通过招标、拍卖、公开协商等非家庭承包方式承包的农村土地，承包期内其家庭成员可以继续承包；承包的农村土地被依法征收、征用或者占用的，与其他农村集体经济组织成员享有同等权利。

符合条件的复员军官、自主就业的退役军士和义务兵回入伍时户口所在地落户，属于农村集体经济组织成员但没有承包农村土地的，可以申请承包农村土地，农村集体经济组织或者村民委员会、村民小组应当优先解决。

第七十一条 服现役期间因战、因公、因病致残被评定残疾等级和退役后补评或者重新评定残疾等级的残疾退役军人，有劳动能力和就业意愿的，优先享受国家规定的残疾人就业优惠政策。退役军人所在单位不得因其残疾而辞退、解除聘用合同或者劳动合同。

第八章 待遇保障

第七十二条 退休军官的政治待遇按照安置地国家机关相应职务层次退休公务员有关规定执行。退休军官和军士的生活待遇按照军队统一的项目和标准执行。

第七十三条 转业军官的待遇保障按照国家有关规定执行。

安排工作的退役军士和义务兵的工资待遇按照国家有关规定确定，享受接收安置单位同等条件人员的其他相关待遇。

第七十四条 退役军人服现役年限计算为工龄，退役后与所在单位工作年限累计计算，享受国家和所在单位规定的与工龄有关的相应待遇。其中，安排工作的退役军士和义务兵的服现役年限以及符合本条例规定的待安排工作时间合并计算为工龄。

第七十五条 安排工作的退役军士和义务兵待安排工作期间，

安置地人民政府应当按照当地月最低工资标准逐月发放生活补助。

接收安置单位应当在安排工作介绍信开具30日内，安排退役军士和义务兵上岗。非因退役军士和义务兵本人原因，接收安置单位未按照规定安排上岗的，应当从介绍信开具当月起，按照不低于本单位同等条件人员平均工资80%的标准，逐月发放生活费直至上岗为止。

第七十六条 军人服现役期间享受的残疾抚恤金、护理费等其他待遇，退出现役移交地方后按照地方有关规定执行。退休军官和军士享受的护理费等生活待遇按照军队有关规定执行。

第七十七条 符合条件的退役军人申请保障性住房和农村危房改造的，同等条件下予以优先安排。

退役军人符合安置住房优待条件的，实行市场购买与军地集中统建相结合的方式解决安置住房，由安置地人民政府统筹规划、科学实施。

第七十八条 分散供养的退役军士和义务兵购（建）房所需经费的标准，按照安置地县（市、区、旗）经济适用住房平均价格和60平方米的建筑面积确定；没有经济适用住房的地区按照普通商品住房价格确定。所购（建）房屋产权归分散供养的退役军士和义务兵所有，依法办理不动产登记。

分散供养的退役军士和义务兵自行解决住房的，按照前款规定的标准将购（建）房费用发给本人。

第七十九条 军官和军士退出现役时，服现役期间的住房公积金按照规定一次性发给本人，也可以根据本人意愿转移接续到安置地，并按照当地规定缴存、使用住房公积金；服现役期间的住房补贴发放按照有关规定执行。

第八十条 退役军人服现役期间获得功勋荣誉表彰的，退出现役后依法享受相应待遇。

第九章　社会保险

第八十一条 军人退出现役时，军队按照规定转移军人保险关系和相应资金，安置地社会保险经办机构应当及时办理相应的转移接续手续。

退役军人依法参加养老、医疗、工伤、失业、生育等社会保险，缴纳社会保险费，享受社会保险待遇。

退役军人服现役年限与入伍前、退役后参加社会保险的缴费年限依法合并计算。

第八十二条 安排工作的退役军士和义务兵在国家规定的待安排工作期间，按照规定参加安置地职工基本养老保险并享受相应待遇，所需费用由安置地人民政府同级财政资金安排。

第八十三条 安置到机关、群团组织、企业事业单位的退役军人，依法参加职工基本医疗保险并享受相应待遇。

安排工作的退役军士和义务兵在国家规定的待安排工作期间，依法参加安置地职工基本医疗保险并享受相应待遇，单位缴费部分由安置地人民政府缴纳，个人缴费部分由个人缴纳。

逐月领取退役金的退役军官和军士、复员军官、自主就业的退役军士和义务兵依法参加职工基本医疗保险或者城乡居民基本医疗保险并享受相应待遇。

第八十四条 退休军官和军士移交人民政府安置后，由安置地人民政府按照有关规定纳入医疗保险和相关医疗补助。

退休军官享受安置地国家机关相应职务层次退休公务员的医疗待遇，退休军士医疗待遇参照退休军官有关规定执行。

第八十五条 退役军人未及时就业的，可以依法向户口所在地人力资源社会保障部门申领失业保险待遇，服现役年限视同参保缴费年限，但是以退休、供养方式安置的退役军人除外。

第八十六条 退役军人随调随迁家属，已经参加社会保险的，其社会保险关系和相应资金转移接续由社会保险经办机构依法办理。

第十章 法律责任

第八十七条 退役军人工作主管部门和其他负责退役军人安置

工作的部门及其工作人员有下列行为之一的，由其上级主管部门责令改正，对负有责任的领导人员和直接责任人员依法给予处分：

（一）违反国家政策另设接收条件、提高安置门槛的；

（二）未按照规定确定退役军人安置待遇的；

（三）在退役军人安置工作中出具虚假文件的；

（四）挪用、截留、私分退役军人安置工作经费的；

（五）在退役军人安置工作中利用职务之便为自己或者他人谋取私利的；

（六）有其他违反退役军人安置法律法规行为的。

第八十八条 接收安置退役军人的单位及其工作人员有下列行为之一的，由当地人民政府退役军人工作主管部门责令限期改正；逾期不改正的，予以通报批评，并对负有责任的领导人员和直接责任人员依法给予处分：

（一）拒绝或者无故拖延执行退役军人安置计划的；

（二）在国家政策之外另设接收条件、提高安置门槛的；

（三）将接收安置退役军人编制截留、挪用的；

（四）未按照规定落实退役军人安置待遇的；

（五）未依法与退役军人签订聘用合同或者劳动合同的；

（六）违法与残疾退役军人解除聘用合同或者劳动合同的；

（七）有其他违反退役军人安置法律法规行为的。

对干扰退役军人安置工作、损害退役军人合法权益的其他单位和个人，依法追究责任。

第八十九条 退役军人弄虚作假骗取安置待遇的，由县级以上地方人民政府退役军人工作主管部门取消相关待遇，追缴非法所得，依法追究责任。

第九十条 违反本条例规定，构成违反治安管理行为的，依法给予治安管理处罚；构成犯罪的，依法追究刑事责任。

第十一章 附　　则

第九十一条 中国人民武装警察部队依法退出现役的警官、警士和义务兵等人员的安置，适用本条例。

本条例有关军官的规定适用于军队文职干部。

士兵制度改革后未进行军衔转换士官的退役安置，参照本条例有关规定执行。

第九十二条 军官离职休养和少将以上军官退休后，按照国务院和中央军事委员会的有关规定安置管理。

军队院校学员依法退出现役的，按照国家有关规定执行。

已经按照自主择业方式安置的退役军人的待遇保障，按照国务院和中央军事委员会的有关规定执行。

第九十三条 本条例自2024年9月1日起施行。《退役士兵安置条例》同时废止。

军队离休退休干部服务管理办法

（2014年9月23日民政部令第53号公布　2021年12月1日退役军人事务部令第5号修订　2021年12月1日中华人民共和国退役军人事务部令第5号公布　自2022年1月1日起施行）

第一章　总　　则

第一条 为了做好军队离休退休干部服务管理工作，根据《中华人民共和国退役军人保障法》和国家有关规定，制定本办法。

本办法所称军队离休退休干部，是指移交政府安置的由退役军人事务部门服务管理的中国人民解放军和中国人民武装警察部队离休退休干部（以下简称军休干部）。

第二条 军休干部服务管理应当从维护军休干部的合法权益出发，贯彻执行国家关于军休干部的法律法规和政策，完善军休干部服务保障和教育管理机制，落实军休干部政治待遇和生活待遇。

军休干部服务管理坚持政治关心、生活照顾、服务优先、依法管理的原则。

第三条 军休干部服务管理工作坚持党的领导，由退役军人事务部门主管，军休服务管理机构（以下简称军休机构）具体组织实施。

退役军人事务部门应当依法负责军休干部服务管理工作，及时研究解决存在的问题，监督检查军休服务管理相关法律法规和政策措施落实情况。

军休机构是服务和管理军休干部的专设机构，包括军休服务管理中心、军休所、军休服务站等，承担军休干部服务管理具体工作。

第四条 军休干部服务管理应当与经济发展相协调，与社会进步相适应，实行国家保障与社会化服务相结合。

第五条 对在军休干部服务管理中做出突出贡献的单位和个人，按照国家有关规定给予表彰、奖励。

第二章 服务管理内容

第六条 退役军人事务部门、军休机构应当加强军休干部思想政治工作，引导军休干部继续发扬人民军队优良传统，模范遵守宪法和法律法规，永葆政治本色。

第七条 退役军人事务部门、军休机构应当按照规定落实军休干部政治待遇，组织军休干部阅读有关文件、听取党和政府重要会议精神传达等。

退役军人事务部门应当主动协调当地离退休干部管理部门，将军休干部纳入本级老干部工作体系。

第八条 退役军人事务部门在国家、地方和军队举行重大庆典和重大政治活动时，应当按照要求组织军休干部参加。

第九条 退役军人事务部门应当协调当地人民政府和军队有关负责人，在八一建军节、春节等重大节日走访慰问军休干部。

第十条 退役军人事务部门应当按规定落实军休干部荣誉疗养制度，对服役期间或移交安置后作出突出贡献的军休干部，分层级、分批次组织疗养。

第十一条 军休机构应当做好以下服务保障工作：

（一）举行新接收军休干部迎接仪式。

（二）按时发放军休干部离退休费和津贴补贴，帮助符合条件的军休干部落实优抚待遇。

（三）协调做好军休干部的医疗保障工作，落实体检制度，建立健康档案，开展医疗保健知识普及活动，引导军休干部科学保健、健康养生。

（四）培育军休干部文化队伍，开展军休文化体育活动，引导和鼓励军休干部参与社会文化活动。

（五）开展经常性走访探望，定期了解军休干部情况和需求，提供必要的关心照顾。

（六）协助办理军休干部去世后的丧葬事宜，按照政策规定落实遗属待遇。

第十二条 退役军人事务部门、军休机构应当依法依规加强对军休干部参加社会组织、出国（境）、著作出书、发表言论等事项的管理，督促军休干部遵纪守法和遵守军休机构各项规章制度。

第十三条 退役军人事务部门、军休机构应当鼓励支持军休干部保持和发扬优良传统，发挥自身优势，继续贡献力量。

第三章 服务管理方式

第十四条 军休机构应当建立健全工作制度，为军休干部老有所养、老有所医、老有所教、老有所学、老有所为、老有所乐创造条件。

第十五条 军休机构应当建立值班制度，并采取定期联系、定人包户等方式，为军休干部提供及时、方便的日常服务保障。

第十六条 军休机构应当坚持共性服务和个性化服务相结合，为军休干部提供细致周到的服务。对失能、失智、重病、高龄、独居、空巢等军休干部，应当重点照顾并提供必要帮助。

第十七条 军休机构应当按照退役军人事务部门制定的规范标准，推进服务管理工作标准化建设，确保规范运行。

第十八条 军休机构应当推进社会化服务，根据需要引进医疗、养老、志愿服务等方面力量，为军休干部提供多元服务。

第十九条 退役军人事务部门、军休机构应当加强信息化建设，充分运用信息化技术，发挥军休安置服务管理信息系统、网络“军休所”等信息化平台作用，提高工作效率，实现精准服务。

第二十条 退役军人事务部门、军休机构应当推进军休老年大学建设，线上线下融合，扩大教学供给，提高办学水平，不断满足军休干部终身学习需求。

第二十一条 退役军人事务部门应当健全军休机构服务网格，加强军休干部服务保障。

第二十二条 军休干部管理委员会是在军休机构内军休干部自我教育、自我管理、自我服务的群众性组织。

军休机构内设有军休干部管理委员会的，军休机构党组织应当加强对军休干部管理委员会的领导，按照有关规定组织开展活动，发挥军休干部管理委员会的作用，定期听取军休干部管理委员会工作情况报告，研究解决其反映的问题。

第四章 军休机构建设

第二十三条 退役军人事务部门根据安置管理工作实际，按照统筹规划、合理布局、精干高效、便于服务的原则设置、调整军休机构。

第二十四条 军休机构实行法定代表人负责制，对重大问题实行科学决策、民主决策。

军休机构应当依法依规落实政策公开、财务公开、服务公开，接受军休干部和工作人员监督。

第二十五条 军休机构应当加强党组织建设，改进和创新军休干部党组织工作，落实党的组织生活制度，增强党组织的政治功能和组织力，使之成为组织、凝聚、教育军休干部和工作人员的坚强堡垒。

加强军休干部中的流动党员管理，将流动党员就近安排在暂住地军休机构党组织参加组织生活。

第二十六条 军休机构应当加强基础设施建设，设置会议室、活动室、阅览室、荣誉室等场所，根据军休干部特点和需求，因地制宜开展适老化改造，具备条件的可引进或设立养老、医疗、助餐等功能设施，建立必要的室外文化体育活动场地，创造良好休养环境。

第二十七条 军休机构应当按规定用好军休经费，加强军休经费和国有资产管理，提高使用效益，接受有关部门的审计监督。

第二十八条 军休机构应当加强军休干部档案管理。

第二十九条 军休机构应当加强安全管理，制定并落实卫生、灾害等突发事件应急预案，增强风险防控和应急处置能力，及时消除安全隐患，防止安全责任事故发生。

第五章 服务管理工作人员

第三十条 退役军人事务部门应当加强军休服务管理工作人员队伍建设，在编制员额内配齐配强工作力量，优化队伍结构。

第三十一条 军休机构在编制员额内新聘用工作人员，除国家政策性安置、按照人事管理权限由上级任命、涉密岗位等人员外，应当面向社会公开招聘，同等条件下优先聘用退役军人、军人家属。

第三十二条 退役军人事务部门可以通过引进专业化服务等渠道充实工作力量。

第三十三条 服务管理工作人员应当强化能力素质和作风纪律，树牢全心全意为军休干部服务的意识。

第三十四条 退役军人事务部门、军休机构应当定期开展教育培训、岗位练兵、业务竞赛等活动，提高工作人员思想政治素质、政策理论水平和服务管理能力。

第三十五条 退役军人事务部门应当建立以军休干部满意度为

主要内容的服务管理工作监督考评体系，定期对军休机构及其负责人进行测评。

退役军人事务部门、军休机构应当建立工作人员绩效考核、岗位交流制度。对军休政策落实不到位、工作推进不力的人员，按照有关规定进行处理。

第六章　附　　则

第三十六条　中国人民解放军和中国人民武装警察部队移交政府安置的退休军（警）士的服务管理参照本办法执行。

第三十七条　本办法自 2022 年 1 月 1 日起施行。

图书在版编目（CIP）数据

中华人民共和国退役军人保障法：实用版/中国法制出版社编．—北京：中国法制出版社，2021.12
（2025.9 重印）
ISBN 978－7－5216－2355－0

Ⅰ.①中… Ⅱ.①中… Ⅲ.①退役军人保障法－中国
Ⅳ.①D922.5

中国版本图书馆 CIP 数据核字（2021）第 266650 号

责任编辑 刘晓霞　　封面设计 杨泽江

中华人民共和国退役军人保障法（实用版）
ZHONGHUA RENMIN GONGHEGUO TUIYI JUNREN BAOZHANGFA
(SHIYONGBAN)

经销/新华书店
印刷/三河市紫恒印装有限公司
开本/850 毫米×1168 毫米 32 开　　印张/4.75 字数/117 千
版次/2021 年 12 月第 1 版　　2025 年 9 月第 6 次印刷

中国法制出版社出版
书号 ISBN 978－7－5216－2355－0　　定价：16.00 元

北京市西城区西便门西里甲 16 号西便门办公区
邮政编码：100053　　传真：010－63141600
网址：http：//www.zgfzs.com　　**编辑部电话：010－63141664**
市场营销部电话：010－63141612　　**印务部电话：010－63141606**